팁스는 지난 10년동안 국민세금 1조7천5백이
마중물이 되어 민간투자 16조원을 유치하여
100조 가치의 기업들을 만들어 냈습니다.
팁스는 대한민국 미래 성장 동력들을 만들어 가고 있습니다.
2024년 팁스 팀을 가장 많이 발굴한 전화성 대표와
팁스를 통해 대한민국의 염원인 유니콘 1000개를
만들어 주시길 간절히 기원 드립니다.

전화성

2000년 카이스트 학내벤처 1호인
에스엘투를 창업했고, 2003년
씨엔티레크㈜를 설립하여 2009년부터
현재까지 푸드테크 B2B 플랫폼 1위를
유지하고 있다.
2012년에는 액셀러레이팅 사업을
시작하여 2020년~ 2024년 5년간 국내
최다 투자건수를 기록했고, 470개의
투자 포트폴리오를 보유한 1위 AC
투자자로 활동하고 있다. 2016년부터
팁스운영사로서 9년간 총 233개 팁스를
매칭했으며, 2024년에만 79개사 팁스
매칭을 통해 업계 매칭 건수 1위를
기록하기도 했다.
2024년부터 초기투자액셀러레이터
협회장에 취임해 투자 생태계에 필요한
적극적인 행보를 이어가고 있다.

이은영

서강대학교 사학과 졸업 후
서울대학교 경영대학원 경영학과에서
브랜드로열티로 석사과정을 졸업했으며,
이어 서강대학교 경영대학원에서
CRM으로 경영학 박사과정을 졸업했다.
금융권에서 오랫동안 경험을
쌓아왔으며, 기업 전략, 마케팅
컨설팅으로 현재까지 1,200개
넘는 기업의 멘토링을 수행했다.
씨엔티레크㈜에서 투자전략 실장을
겸임하고 있다.

팁스 233

유니콘을 향한 스타트업 성장 전략서

전화성, 이은영 글

STARTUP BOOKS

프롤로그

대한민국 스타트업 생태계에서 팁스(TIPS) 프로그램은 혁신적 기술을 보유한 창업가들이 글로벌 무대에 도전할 수 있도록 돕는 강력한 성장 플랫폼으로 자리 잡았습니다. 수많은 스타트업들이 팁스를 통해 우수한 연구개발(R&D) 지원을 받고 민간 투자와 연계해 글로벌 경쟁력을 갖추어 가고 있습니다.

이 책은 팁스에 도전하려는 창업자들이 효과적으로 프로그램을 활용할 수 있도록 돕기 위해 만들어졌습니다. 단순히 '팁스에 선정되는 방법'에 그치지 않고, 팁스 선정 이후에도 지속적인 성장을 이루기 위한 로드맵, 최적의 투자 전략, 팁스 관련 다양한 후속 지원 프로그램 활용법 등을 구체적으로 다룹니다. 따라서 이 책은 팁스를 준비 중인 스타트업뿐 아니라 팁스 선정 이후의 전략적 성장을 고민하거나, 여러 후속 지원 프로그램을 활용하고자 하는 기업에도 큰 도움이 될 것입니다.

팁스 프로그램이 지금과 같이 강력한 스타트업 성장 플랫폼으로 자리 잡기까지는 수많은 이들의 노력이 있었습니다. 특히 한국엔젤투자협회의 고영하 회장님은 대한민국 창업 생태계 발전을 위해 오랜 시간 헌신해 오셨으며, 팁스가 초기 스타트업의 대표적인 성장 지원 프로그램으로 자리매김할 수 있도록 중요한 토대를 마련하셨습니다. 한국엔젤투자협회는 2012년 설립 당시 소규모 조직으로 출발해 현재 90여 명 규모로 성장했으며, 2013년 팁스가 시작된 이후 지금까지 약 3,200개 이상의 스타트업을 육성했습니다. 이를 통해 15조 원 규모의 후속 투자 유치와 약 2만 5천 명의 신규 고용을 창출하는 등 대한민국 스타트업 생태계에서 중추적인 역할을 수행해왔습니다. 최근 13년간의 여정을 마치고 퇴임하신 고영하 회장님께 그동안의 헌신과 노고에 깊은 감사와 존경의 마음을 전합니다.

또한 수많은 스타트업이 팁스를 통해 성장할 수 있도록 투자 전략을 수립하고 기업들의 가능성을 발굴하는 데 함께해 준 씨엔티테크 임직원들에게도 감사의 마음을 전합니다. 씨엔티테크는 2016년 카이스트청년창업투자지주와 공동 운영사로 활동을 시작해, 2019년부터는 단독 운영사로서 팁스 프로그램을 이끌어왔습니다. 지난 9년 동안 총 233개 기업의 팁스 선정을 지원했으며, 470여 개 기업에 700억 원 규모의 초기 투자를 진행했습니다. 특히 2024년 한 해 동안만 총 79개 기업의 팁스 매칭을 성공시켜 국내 최다 기록을 달성했습니다.

팁스 프로그램은 대한민국 스타트업 생태계에서 기술 강국으로 도약하는 데 핵심적인 역할을 해오고 있습니다. 실제로 수많은 스타트업이 팁스 프로그램을 졸업한 이후 뛰어난 성과를 보이고 있습니다. 물론 일부 기업은 프로그램 이후 성장이 정체되거나 실패하는 경우도 있습니다. 하지만 벤처 창업은 본질적으로 모험 자본이 투입되어 과감한 실패와 도전을 반복하면서 성공 기업이 나오는 과정입니다. 액셀러레이터이자 투자자의 입장에서 저 또한 수백 개 이상의 스타트업에 투자했지만, 모든 기업이 100% 성공할 수 없다는 점을 잘 알고 있습니다. 그러나 선두 기업이 고속 성장을 이끌고, 이를 따르는 후속 기업이 생기면서 전체 생존율을 높이고 창업 생태계 전반에 성장 노하우가 확산될 수 있다고 믿습니다.

팁스는 벤처 창업 생태계에서 투자 혹한기와 같은 어려운 상황에서도 창업 기업들이 보유한 우수한 기술을 발전시키고 시장에 선보일 수 있도록 돕는 중요한 역할을 하고 있습니다. 다만 많은 기업들이 팁스 프로그램에 대해 자세히 알지 못하거나 혜택을 충분히 활용하지 못하는 경우가 많습니다. 또 어떤 기업은 팁스를 단순히 지원금 확보로만 여기거나, 선정 이후의 전략적 활용을 놓쳐 아쉬움을 남기기도 합니다. 이러한 점을 개선하고자 이 책을 집필하면서 팁스 프로그램에 대한 전반적인 이해는 물론, 팁스를 수행하기 전후 단계에서 어떤 전략과 마일스톤을 통해 기업이 성장해 나가야 하는지 구체적으로 정리했습니다.

이를 통해 기업들은 팁스 본 프로그램에 진입하기 전 단계에서 프리팁스나 시드팁스를 경험하며 준비하고, 팁스(일반형) 또는 딥테크 팁스 졸업 이후에는 포스트 팁스, 스케일업 팁스, 글로벌 팁스를 거쳐 유니콘 육성사업까지 단계별 성장 지원 사업을 활용할 수 있을 것입니다. 창업자가 부지런히 배우고 전략적으로 움직일수록 기업의 생존 확률은 높아질 것이며, 이 책이 창업자 여러분의 여정에서 수고를 덜어주는 역할을 할 수 있기를 바랍니다.

이 책이 탄생하기까지 씨엔티테크의 233개 팁스 선정 기업에 대한 방대한 자료 수집과 분석, 관련 데이터 정리 등 집필 과정에서 큰 기여를 해주신 씨엔티테크 이은영 투자전략실장에게도 깊은 감사의 인사를 전합니다. 이은영 실장님과는 작년에『투자자의 생각을 읽어라』를 함께 출간했는데, 이 책 또한 팁스를 준비하는 창업자라면 꼭 읽어 보시길 권합니다.『투자자의 생각을 읽어라』는 팁스 선정의 전제 조건인 팁스 운영사의 투자를 유치하기 위해 창업자가 IR을 어떻게 준비해야 할지, 투자자의 관점에서 어떻게 발표 전략을 세우고 접근해야 하는지 상세히 녹여낸 책입니다.

　마지막으로, 독자 여러분이 팁스에 도전하는 과정을 단순한 정부 지원 프로그램으로 보지 않고 글로벌 확장으로 가기 위한 핵심 전략의 하나로 접근했으면 합니다. 팁스를 통해 단순히 연구개발비를 확보해 2~3년간의 운영비를 마련한다는 생각을 넘어, 내가 확보한 시간과 자원을 어떻게 활용하면 더 큰 성장을 이룰 수 있을지 전략적으로 고민하는 계기가 되길 바랍니다.

　창업자 여러분들이 팁스를 통해 혁신을 이루고, 글로벌 무대에서 대한민국을 대표하는 스타트업으로 성장하길 진심으로 응원하며, 여러분의 기업이 유니콘으로 성장하길 진심으로 기도하겠습니다.

1부.

팁스 프로그램 이해하기

1장

팁스가 뭐길래?
스타트업 필수 프로그램 완전 해부

팁스(TIPS, Tech Incubator Program for Startup)는 민간 투자기업이 우수한 창업기업을 선발하여 투자하면, 정부가 연구개발(R&D) 자금을 매칭 방식으로 지원하는 프로그램입니다. 성장 잠재력을 지닌 스타트업을 민간이 발굴하고 정부가 함께 육성하는 민관 협력형 스타트업 지원 프로그램이라 할 수 있습니다.

팁스의 기본 구조는 민간 투자기업이 스타트업에 1억 원을 투자하면 정부가 5배에 해당하는 5억 원의 R&D 자금을 매칭해 지원하는 방식입니다. 이를 중심으로 프리팁스, 시드팁스, 딥테크 팁스, 포스트팁스, 스케일업 팁스 등 창업 단계와 목적에 따라 특화된 다양한 세부 프로그램이 운영되어 기업이 지속적으로 성장할 수 있도록 지원하고 있습니다. 물론 각 프로그램에 따라 민간 투자기업의 최소 투자 금액이나 지원 조건 등이 다를 수 있으나, 일반 팁스의 경우 '1억 원 투자 시 정부가 최대 5억 원을 지원한다'는 점만 기억하면 됩니다.

(1) 팁스의 종류

스타트업이 팁스를 효과적으로 활용하려면, 팁스 프로그램의 유형과 특성을 사전에 명확히 이해하는 것이 중요합니다. 팁스는 크게 다음과 같은 유형으로 구분할 수 있습니다.

단계	구분	지원 대상	지원 금액	지원 기간	특징
팁스 前	시드팁스 (Seed TIPS)	투자 이력이 없는 예비 창업팀 또는 초기 창업 기업	최대 5천만 원	6개월	우수 기업 대상으로 운영사가 1억 원 이상 투자 연계
	프리팁스 (Pre-TIPS)	팁스 지원을 준비하는 초기 스타트업	최대 1억 원	10개월	팁스 지원 전 MVP 개발 및 초기 성장 지원
팁스 트랙	팁스 R&D (일반형)	팁스 운영사로부터 투자를 받은 창업기업	최대 5억 원	최대 2년	일반 기술기반 스타트업 대상 R&D 지원
	딥테크 팁스 (특화형)	10대 초격차 기술 분야 스타트업 (반도체, 바이오, AI 등)	최대 15억 원	최대 3년	첨단 기술 기반 스타트업 집중 지원
팁스 後	포스트 팁스 (Post-TIPS)	팁스 및 딥테크 팁스 졸업 기업	최대 5억 원	18개월	팁스 이후 단계의 지속 성장 지원
	스케일업 팁스 (Scale-up TIPS)	제조·하드웨어 중심의 기술집약형 중소벤처기업	최대 20억 원	최대 3년	민간 투자 매칭 및 R&D를 통한 본격 성장 지원
	글로벌 팁스 (Global TIPS)	해외 진출을 목표로 하는 스타트업	최대 6억 원	최대 3년	글로벌 시장 개척 및 네트워킹 지원

팁스의 종류

스타트업이 팁스(TIPS, Tech Incubator Program for Startup)를 잘

활용하려면 각 프로그램의 특성과 절차를 구체적으로 이해하는 것이 중요합니다. 팁스 프로그램의 유형과 단계를 하나씩 살펴보겠습니다.

팁스 본 트랙 진입에 앞서 창업기업이 수행할 수 있는 프로그램으로는 시드팁스(Seed TIPS)와 프리팁스(Pre-TIPS)가 있습니다. 시드팁스는 투자 이력이 없는 예비 창업팀이나 창업 3년 이내의 초기 창업기업을 대상으로 합니다. 이 프로그램은 기업이 시드 투자 단계로 진입하고 성장할 수 있도록 최대 5천만 원을 지원합니다. 시드팁스 수행 과정에서 우수기업은 팁스 운영사로부터 1억 원 이상의 후속 투자를 유치할 수 있습니다. 프리팁스는 팁스 프로그램 진입을 준비하는 초기 창업기업을 위한 프로그램으로, 비수도권 소재 기업을 위한 '지역 트랙'과 팁스 운영사의 배치 프로그램을 이수한 기업을 위한 '시드 트랙'으로 나뉩니다. 최대 1억 원을 지원하며, MVP 개발과 초기 사업화를 촉진하는 데 중점을 둡니다.

팁스 본 트랙은 일반형 팁스와 특화형(딥테크) 팁스로 구성됩니다. **팁스(일반형)**는 민간 투자(팁스 운영사 투자)와 정부의 R&D 지원을 연계하여 성장할 수 있도록 하는 프로그램입니다. 기술 기반 스타트업이 대상이며, 민간 VC나 액셀러레이터(팁스 운영사)의 투자를 필수로 하며, 정부로부터 최대 5억 원의 연구개발 지원금을 받을 수 있습니다.

딥테크 팁스(특화형)는 반도체, 바이오, AI 등 고난이도 첨단 기술을 보유한 스타트업을 지원하는 특화형 프로그램입니다. 운영사의 투자 요건이 일반 팁스(1~2억 원)보다 높아 최소 3억 원 이상의 투자를 유치해야 하며, 최대 15억 원의 정부 연구개발 지원금을 받을 수 있습니다.

틱스를 성공적으로 수행한 기업이 활용할 수 있는 후속 지원 프로그램으로는 포스트 틱스(Post-TIPS), 스케일업 틱스(Scale-up TIPS), 글로벌 틱스(Global TIPS)가 있습니다.

포스트 틱스는 틱스를 졸업한 기업이 후속 투자 유치 및 본격적인 스케일업을 할 수 있도록 지원합니다. 최대 5억 원의 사업화 자금을 지원하며, 후속 투자 유치, IPO, M&A 등을 준비하는 데 도움을 줍니다.

스케일업 틱스는 제조·하드웨어 기반의 기술집약적 기업이 민간 투자 유치와 매칭 방식의 연구개발 지원을 통해 스케일업을 추진할 수 있도록 지원합니다. 운영사의 투자 유치가 필수적이며, 최대 20억 원까지 지원을 받을 수 있습니다.

글로벌 틱스는 틱스 또는 딥테크 틱스를 성공적으로 수행한 기업이 해외 시장 진출을 목표로 할 때 지원받을 수 있는 프로그램입니다. 해외 VC 투자 유치를 전제로 최대 6억 원의 사업화 자금을 지원하며, 해외 법인 설립과 글로벌 확장을 돕습니다.

정리하자면, 틱스를 준비하는 기업은 프리틱스나 시드틱스로 기반을 다지고, 틱스 본 트랙(일반형 또는 딥테크)을 수행한 뒤, 포스트 틱스, 스케일업 틱스, 글로벌 틱스 등을 활용해 후속 성장을 도모하는 단계별 전략을 고려할 수 있습니다. 또한 틱스를 수행하면서 다양한 성장지원 프로그램을 적극적으로 활용하는 전략적 접근이 필요합니다.

그렇다면 틱스를 준비하기 위한 창업기업의 일반적인 프로세스는 어떻게 구성될까요?

창업기업이 틱스에 최종 선정되기 위해서는 기업의 기술

력, 사업성, 그리고 팀의 역량이 명확히 드러날 수 있도록 철저한 사전 준비가 필요합니다. 팁스 프로그램의 프로세스는 크게 다음과 같은 흐름으로 구성됩니다.

① 사전 준비 → ② 팁스 운영사의 투자 유치 → ③ 팁스 운영사의 추천 → ④ 선정 평가 → ⑤ 협약 체결 및 연구개발 수행

창업기업은 이러한 프로세스를 명확히 이해하고, 각 단계에서 전략적이고 체계적인 접근을 통해 준비하는 것이 필수적입니다.

2장.

팁스 선정 프로세스(사전 준비)

– 지원하기 전에 반드시 체크해야 할 5가지 조건

팁스 준비를 위한 프로세스

스타트업이 팁스에 선정되기 위해서는 사전에 반드시 점검하고 준비해야 할 기본 요건과 핵심 요소들이 있습니다. 팁스 프로그램에 지원 가능한 기본 요건은 다음과 같습니다.

첫째, 창업한 지 **7년 미만**의 스타트업이어야 합니다(법인 또는 개인사업자 포함).

창업 연차는 **법인설립일 또는 개인사업자 개업일 중 더 빠른** 일자를 기준으로 하며, 해당 날짜를 증빙하는 서류를 제출해야 합니다. 만약 창업한 지 7년이 지났다면 팁스 지원 자격에서 제외됩니다.

둘째, 팁스에 지원하기 위해서는 **팁스 운영사(민간 투자사)로부터 이미 투자를 유치했거나, 투자 확약을 서류로 증빙할 수 있어야 합니다.** 팁스 프로그램은 초기 기술 개발 지원에 중점을 둔 만큼, 지원 직전 연도의 매출이 **20억 원 미만**이어야 신청이 가능합니다. 만약 직전 연도의 매출이 20억 원을 초과한다면 팁스 지원 대상에서 제외됩니다.

매출 기준과 관련해 보다 자세히 살펴보면, 팁스 과제를 신청하는 시점에 이미 졸업 기준을 충족한 경우가 있습니다. 예를 들어 ① 직전 연도의 매출이 20억 원 이상이거나, ② 누적 투자 유치 금액이 27.6억 원 이상이거나, ③ 수출 관련 사업으로 50만 달러 이상의 수출 실적을 달성한 경우, ④ 코넥스를 포함한 주식시장에 기업공개(IPO)를 완료한 기업이라면 팁스 신청 자격이 주어지지 않습니다.

또한, 팁스 지원을 위해 스타트업의 지분 구성 역시 중요한 조건입니다. 기본적으로 창업 기업 구성원 2인 이상이 합산하여 최소 60% 이상의 지분을 보유해야 하며, 팁스 운영사(투자사)의 지분은 최대 30% 이하로 유지해야 합니다. 이 조건은 팁스 선정 후 협약 체결 시점까지 반드시 유지되어야 지원금을 받을 수 있습니다.

여기서 말하는 '창업기업 구성원'은 창업자를 포함하여 팁스 과제의 연구개발 및 사업화에 직접 참여하는 인원을 의미하며, 다음의 경우에 해당합니다.

- 대표자 및 공동대표(각자대표 포함)
- 과제 접수 마감일 기준 4대 보험에 가입되어 있으며, 연구개발계획서에 과제 참여자로 명시된 사람
- 과제 접수 마감일 기준으로 스톡옵션(주식매수선택권) 계약을 체결하고, 4대 보험에 가입된 사람

즉, 창업자 한 명이 모든 지분을 단독으로 소유하거나 지분이 지나치게 분산된 경우에도 지원 조건에서 제외될 수 있으므로, 사전에 철저히 점검하고 조건에 맞도록 지분 구조를 정비할 필요가 있습니다.

주주명	주식종류	지분율	구분
홍길동	보통주	42%	창업기업 공동대표
전우치	우선주	23%	창업기업 공동대표
씨엔티테크	우선주	26%	운영사
박엔젤	우선주	9%	기타

창업기업 구성원 및 지분율 조건 확인 예시
대표자 및 공동대표 등 창업기업 구성원의 지분율이 60%를 초과해 지원이 가능한 상황

그러나 실제 모든 기업이 위와 같이 단순한 지분 구조를 가진 것은 아닙니다. 예를 들어 해외 법인을 모회사로 두고 국내 법인이 100% 자회사로 있는 경우나, 기존 회사에서 분사(스핀오프)를 한 경우, 혹은 합작법인(JV, 조인트벤처)과 같은 복잡한 지분 구조의 경우도 있습니다.

만약 해외 모회사가 국내 자회사 지분을 100% 보유하고 있는 경우, 창업기업 구성원들은 모회사의 지분율 60% 이상을 보유해야 지원이 가능합니다.

스핀오프나 조인트벤처의 경우, 출자회사 또는 모회사 지분 중 최대 50%까지 합산하여 인정 가능합니다. 예를 들어, 운영사인 씨엔티테크가 지분 20%, 스핀오프 창업기업이 지분 50%, 모회사가 지분 25%를 보유하고 있는 상황이라면, 모회사 지분의 최대 50%(25%의 절반, 즉 12.5%)까지 인정 가능합

니다. 따라서 창업기업의 50% 지분과 인정된 모회사의 12.5% 지분을 합산한 62.5%를 기준으로 팁스 지원이 가능하게 됩니다.

팁스 신청이 어려운 주요 사례로는 자격 및 적합성 미달, 기개발 기술 여부, 기존 지원 사업과 중복 여부, 수행 과제 수 제한, 동일 사업으로 재참여 시 등이 있습니다. 그 밖에도 채무 불이행, 부실 위험, 의무사항 미이행 등의 제한 요소가 있을 수 있습니다. 따라서 팁스에 지원하기 전에는 반드시 자사 상황이 지원 조건에 부합하는지, 제외 대상에 포함되지 않는지 꼼꼼히 점검한 후 지원 절차를 진행하는 것이 중요합니다.

기타 팁스 신청이 어려운 경우는 다음의 표와 같이 자격과 적합성, 기 개발, 기 지원시, 수행과제 개수 제한, 동일 내역 사업 재참여 시가 대표적이며 그 외 채무불이행 부실위험, 의무사항 불이행 등의 제약 사항이 있습니다. 그래서 팁스 지원하기 전에는 사전에 우리 기업이 지원할 조건이 되는지, 제외 대상에 있지 않은지 살펴보고 지원 절차를 밟는 게 중요합니다.

팁스(일반형) 지원 제외 대상

일반적인 팁스 신청 조건 외에 스타트업이 팁스 지원을 위해 준비해야 할 요소는 어떤 것들이 있을까요?

스타트업이 반드시 갖추어야 할 핵심 요소는 크게 다섯 가지로 나눌 수 있습니다. 각각 기술력, 사업성, 팀 역량, 시장성, 후속투자 가능성입니다.

먼저, **기술력**이란 독창적이고 연구개발이 필요한 기술을 보유하고 있어야 함을 의미합니다. **사업성**이란 스타트업의 비즈니스 모델이 명확한 시장 기회와 성장 가능성을 가지고

자격과 적합성	연구개발 내용에 유흥, 향락업 등 사행산업 관련 내용 제외
기 지원, 기 개발	- 신청 과제가 동일 기업의 기 지원된 과제 내용과 유사할 경우 - 신청 기업이 이미 판매중인 제품이나, 동일 제품의 단순 성능 개량, 조립 제품일 경우
수행과제	연구책임자가 최대 3개 이내, 연구참여자가 최대 5개 이내 수행과제까지 참여 가능
동일 내역 사업 재참여	딥테크 신청 또는 선정평가 진행시 팁스 지원 불가

신청 제한 및 지원 제외 항목

있는지를 판단하는 요소입니다. **팀 역량**은 대표자뿐만 아니라 CTO, 전문 연구원 등 핵심 인력을 보유하여 과제를 안정적으로 수행할 수 있는지를 평가하는 항목입니다. 또한 국내뿐 아니라 글로벌 시장으로 확장할 수 있는 잠재력을 의미하는 **시장성**과 팁스 과제 수행 이후 후속 투자 유치 가능성, 즉 **후속투자 가능성**까지 고려해야 합니다. 팁스 과제 종료 후에도 지속적인 성장을 이끌어갈 수 있는 핵심 경쟁력을 갖추었다는 것을 보여주는 것이 중요합니다.

사실 위에서 언급한 기술력, 사업성, 팀 역량, 시장성, 후속 투자 가능성은 팁스 프로그램 선정뿐만 아니라 스타트업의 일반적인 성장 과정에서도 요구되는 경쟁적 차별 우위 요소라고 볼 수 있습니다.

스타트업은 이와 같은 다섯 가지 핵심 요소를 기반으로 연구개발 계획서를 작성하고, 팁스 과제 수행을 위한 기술 및 시장 분석 자료를 준비하며, 팁스 운영사와의 네트워킹, 비즈니스 모델 명확화, 특허 및 지적재산권 확보 등을 순차적으로 수행해야 합니다.

3장

팁스 선정 프로세스(운영사 투자 유치)

– 운영사 마음을 사로잡는 투자 유치 전략

이번 장에서는 팁스 운영사를 통해 투자 유치를 받는 단계에 대해 자세히 알아보겠습니다. 스타트업이 기술적 요건을 충족했다고 해서 곧바로 팁스 프로그램에 지원할 수 있는 것은 아닙니다. 팁스 프로그램에 지원하려면, 반드시 팁스 추천권을 가진 운영사로부터 사전 투자를 받아야 합니다. 팁스 운영사는 크게 두 가지 투자 계정을 활용해 스타트업에 투자합니다.

- **고유 계정 투자**: 운영사의 자체 펀드로, 최소 1억 원 이상 투자해야 합니다.
- **모태펀드 계정 투자**: 최소 2억 원 이상의 투자를 받아야 팁스 추천이 가능합니다.

따라서 스타트업은 팁스 운영사와 투자 논의를 진행할 때, 어떤 계정에서 투자가 이루어지는지 반드시 사전에 확인할 필요가 있습니다. 투자 이후 팁스 추천을 받으려면 투자 계정별 최소 투자금 조건을 충족해야 하기 때문입니다.

이미 운영사로부터 투자를 받은 스타트업이라면 팁스 추천을 위해 필요한 연구 개발 계획서, 사업화 목표, 명확한 성장 로드맵 등 준비된 서류와 자료를 갖추는 것이 중요합니다. 아직 투자를 받지 않은 기업이라면 먼저 팁스 운영사 리스트를 살펴보고, 적합한 투자자를 발굴해 적극적인 IR(Investor Relations)을 통해 투자 기회를 확보하는 것이 우선입니다. 팁스 운영사 리스트는 한국엔젤투자협회 등 관련 기관을 통해 공개되고 있으며, 이를 토대로 전략적으로 투자자를 찾아 나서야 합니다.

투자 유치를 준비 중인 기업이라면, 작년에 제가 이은영 실장과 함께 쓴『투자자의 생각을 읽어라』라는 책도 반드시 참고하길 권합니다. 이 책에는 스타트업이 효과적으로 IR 자료(IR Deck)를 준비하기 위한 6단계 프로세스와 투자자가 특히 관심을 두고 평가하는 요소들, 투자자의 관점에서 바라보는 스타트업의 가치 평가 포인트 등을 구체적으로 담고 있어 투자 유치를 준비하는 과정에 많은 도움이 될 것입니다.

팁스 운영사 추천을 받기 위한 투자 유치는 스타트업의 미래 성장성을 평가받는 중요한 과정입니다. 따라서 전략적으로 접근하는 것이 매우 중요합니다. 다음 장에서는 팁스 운영사 추천 과정과 이후 진행되는 선정 평가에 대해 더욱 자세히 살펴보겠습니다.

팁스 운영사가 투자할 때 고려하는 요소

팁스 운영사가 투자 시 고려하는 요소	
기술 기반 비즈니스 모델	기술의 혁신성, 시장 적용 가능성
팀 구성	팀의 역량, 리더십과 협업 능력
시장의 크기	시장 규모, 경쟁력
후속 투자유치	성장가능성, 투자 매력도

팁스 운영사는 투자자로서, 그리고 팁스 추천 여부를 결정하는 의사결정자로서, 창업자에게 주로 다음 네 가지 항목에 대해 질문합니다. 각 항목별로 구체적인 질문의 예시는 다음과 같습니다.

- **기술기반 비즈니스 모델이 있는가?**

'기술기반 비즈니스 모델이 있는가?'라는 질문은 창업기업이 보유한 기술의 혁신성과 시장 적용 가능성을 묻는 핵심 질문입니다. 팁스 프로그램은 근본적으로 **기술 혁신성**을 가진 초기 기업을 대상으로 연구개발(R&D)을 지원하는 제도이기 때문에, 지원 기업이 보유한 기술의 차별성과 혁신성을 매우 중요하게 평가합니다.

이때의 '기술 혁신성'이란 단순히 뛰어난 기술 자체가 아니라, 개발된 기술이 실제 시장에 적용될 수 있는 가능성을 함께 평가합니다. 즉, 연구실에서 머무는 이론적 기술이 아니라 시장에서 실질적인 경쟁력을 갖추고 상용화할 수 있는지 여부를 확인하는 것입니다. 연구개발 단계 이후 기술이 시장에 진입하고 매출로 이어질 때 비로소 팁스 지원의 목적을 달성할 수 있기 때문입니다.

- 팀이 강력한가?

팁스 운영사가 팀의 강점에 대해 질문하는 이유는 팁스 과제를 성공적으로 수행할 수 있는 내부 역량, 특히 CTO(최고기술책임자) 및 연구개발 인력의 전문성과 경험을 평가하기 위해서입니다. 또한, 팀 내 리더십과 구성원 간의 협업 능력도 중요하게 고려됩니다. 팁스 프로그램은 최소 2년 이상의 긴 연구개발 과정을 거쳐야 하므로, 끝까지 목표를 달성할 수 있는 끈끈한 팀워크와 문제 해결 역량이 필수적입니다.

- 시장의 크기와 성장 가능성이 충분한가?

팁스 운영사가 시장의 크기와 성장 가능성에 대해 질문하는 이유는, 스타트업이 목표로 하는 시장이 충분히 크고 지속적인 성장이 가능한지 확인하기 위해서입니다. 스타트업이 팁스 프로그램을 마친 후에도 목표 시장이 이미 포화상태(레드오션)이거나, 시장이 제대로 형성되지 않은 상태라면 생존 자체에 어려움을 겪을 수밖에 없습니다. 따라서 시장이 충분히 성장 중인지, 산업 트렌드가 스타트업이 목표로 하는 방향과 일치하는지 등을 투자자의 관점에서 면밀히 살펴보게 됩니다. 아울러, 목표 시장의 성장이 뚜렷하더라도 스타트업이 이를 실질적인 성과로 연결할 역량을 갖추지 못하면 경쟁에서 밀릴 수밖에 없으므로, 스타트업의 시장 내 경쟁력과 경쟁적 차별 우위 역시 함께 평가됩니다.

- **팁스 이후 후속 투자 유치 가능성이 있는가?**

  팁스 운영사가 이 질문을 던지는 이유는 팁스 프로그램을 통해 성장한 스타트업이 향후 후속 투자를 유치할 가능성, 즉 장기적인 성장 잠재력을 평가하기 위해서입니다. 후속 투자 유치 가능성은 스타트업의 지속적인 성장과 사업 확장을 위한 핵심 조건 중 하나이며, 이는 해당 스타트업이 다른 투자자들에게도 매력적으로 평가받을 수 있다는 뜻이기도 합니다. 투자자로부터 매력도가 높다는 것은 사업모델의 완성도와 시장에서의 입지를 충분히 갖추었음을 의미하기 때문에, 운영사는 팁스 프로그램 이후에도 해당 스타트업이 안정적으로 성장할 수 있는지, 후속 투자를 지속적으로 이끌어낼 수 있는 역량과 잠재력을 보유했는지에 중점을 두고 평가하게 됩니다.

팁스 프로그램 신청 시 팁스 운영사의 투자 요건

팁스 프로그램에 지원하려면 민간 투자사(팁스 운영사)로부터 일정 규모 이상의 투자를 받았거나 투자 확약을 받은 상태여야 합니다. 이와 관련하여 팁스 운영사의 투자금 조건은 다음과 같습니다.

- 팁스 운영사로부터 투자받는 금액은 고유 계정(자체 자금)일 경우 최소 1억 원 이상, 펀드 계정(모태펀드 등 운용자금)일 경우 최소 2억 원 이상이어야 합니다.
- 팁스 신청 시 추천 조건에 충족하는 투자금 확약서를 제출한 후, 실제 투자가 반드시 집행되어야 합니다. 만약 투자 확약 후 투자가 이루어지지 않거나 취소될 경우 팁스 선정이 불가능

합니다.

- 팁스 운영사로부터 받은 투자금은 실제로 투자금 집행일이 증빙되어야 인정됩니다. 단순 투자 확약만 있고 실제 투자가 이루어지지 않거나 취소되는 경우에도 팁스 신청이 불가능합니다.
- 인정 가능한 투자금 집행 시점은 **팁스 추천 및 접수 마감일 기준 과거 2년 이내의 투자 금액만 유효**하므로 주의해야 합니다.

따라서 스타트업은 팁스 운영사와 투자 협의를 진행할 때, 실제 투자금 집행 시기와 투자 조건 등을 명확하게 확인하고 서류로 증빙하는 과정이 매우 중요합니다.

4장.

팁스 선정 프로세스(추천 및 신청)

– 운영사 추천? 그냥 신청하면 끝이 아니다

다음 단계로 팁스 운영사가 스타트업에 투자한 후, 팁스 프로그램에 추천하는 과정을 살펴보겠습니다.

팁스 선정은 2013년부터 한국엔젤투자협회가 전담해왔습니다. 2025년부터는 한국벤처캐피탈협회가 추가로 주관기관에 합류하면서 양 기관 모두 팁스 선정 업무를 담당하게 되었습니다. 하지만 이 책에서는 지난 12년간 팁스 선정을 주관해온 한국엔젤투자협회의 프로세스를 중심으로 선정 절차를 설명하겠습니다.

우선, 팁스 추천 과정은 운영사가 투자한 창업기업을 팁스 후보로 추천하면, 해당 창업기업이 팁스 R&D 과제를 직접 신청하는 방식으로 진행됩니다. 운영사는 추천할 기업을 매월 정해진 일정에 맞춰 구글 설문지 양식으로 작성한 후, 관련 추천 서류를 한국엔젤투자협회에 제출합니다. 운영사가 추천 시 제출하는 서류는 총 8가지로, 다음과 같습니다.

1. 운영사의 추천 공문
2. 팁스 기술 창업기업의 추천 현황 자료
3. 투자계약서 또는 투자 확약서
4. 창업기업의 사업자등록증(법인등기부등본) 사본
5. 투자사실 증빙(납입증명서 등 투자 관련 서류)
6. 창업기업의 기술 및 사업 소개 자료(사업계획서 등)
7. 창업기업의 연구 개발 계획서 요약본
8. 팁스 투자 계정 유형 명세(고유계정 또는 펀드계정 여부 기재)

이때 '고유계정'과 '펀드계정'을 명확히 구분하여 기재하는 이유는 팁스 추천을 위한 최소 투자 금액이 다르기 때문입니다. 고유계정은 최소 1억 원 이상, 펀드계정은 최소 2억 원 이상 투자를 해야 팁스 추천이 가능합니다.

운영사의 추천이 완료되면, 창업기업은 IRIS 시스템을 통해 과제를 온라인으로 접수합니다. 이때 창업기업이 제출해야 할 주요 자료로는 연구개발계획서, 목표달성지표, 사업비 소요 명세 등이 있습니다. 제출해야 하는 세부 서류 목록은 1부 6장 '팁스 선정 후 협약 및 연구개발'에 정리되어 있으니 참고하시기 바랍니다.

팁스 과제 접수가 모두 완료되면, 다음 단계로 '투자적절성 검증위원회'의 심사가 이루어집니다. 운영사의 추천이 완료된 이후, 창업기업의 투자 및 보육 운영 방안, 투자계약서 내용 등을 면밀히 점검하여 팁스 프로그램의 취지에 맞는지 여부를 평가합니다.

이 과정에서 투자계약 내용에 문제가 있거나 팁스 운영사의 보육 역량이 충분하지 않다고 판단되면 심사위원회는 해당 추천에 대해 추가 질의 또는 재검토, 보완을 요구할 수 있습니다. 따라서 스타트업과 팁스 운영사는 투자 유치 단계에서부터 향후 보육 계획, R&D 목표 설정 등을 명확하게 준비하는 것이 매우 중요합니다.

이러한 운영사의 추천, 창업기업의 온라인 과제 접수가 모두 완료된 후에는 본격적으로 팁스 선정 심사 단계로 넘어가게 됩니다. 이 과정에 대해서는 다음 장에서 더욱 구체적으로 살펴보겠습니다.

팁스 운영사의 투자 및 추천 시 고려사항과 주의점

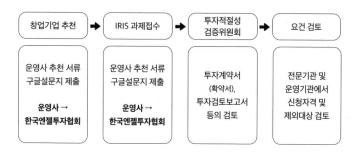

팁스 운영사에는 매년 팁스 매칭을 추천할 수 있는 건수(T/O)가 정해져 있습니다. 따라서 창업기업 입장에서는 팁스 지원을 염두에 두고 운영사로부터 투자를 유치할 경우, 해당 운영사의 팁스 추천권이 충분히 남아 있는지 확인하는 과정이 필요합니다. 투자 규모가 크다고 해서 운영사가 무제한으로 팁스 매칭을 지원할 수 있는 것은 아니기 때문입니다.

실제로, 운영사가 투자자로서 창업기업에 투자할 때는 팁스 매칭에 대한 제한된 추천권을 소진하게 되므로 매우 신중하게 접근할 수밖에 없습니다. 예를 들어, 씨엔티테크는 2024년 한 해 동안 직접 매칭 73건, 간접 매칭 6건으로 총 79건의 기업을 팁스 프로그램에 성공적으로 매칭했습니다. 같은 기간 총 109개 기업에 투자를 집행한 것에 비추어 보면, 투자한 모든 기업이 팁스 매칭 기회를 얻는 것이 아니라는 점을 알 수 있습니다.

운영사는 제한된 팁스 추천권을 가지고 있기 때문에, 추천 과정에서 해당 기업의 잠재력과 사업성을 면밀히 검토하고 신중하게 결정할 수밖에 없습니다. 특히 팁스에 간접적으로 추천하는 경우는 더욱 신중할 수밖에 없으며, 특정 기업이 팁스 과제에 적합하고 잠재력이 뛰어나다고 판단할 때만 추천을 결정하게 됩니다. 한편, 팁스 운영사가 투자한 기업을 팁스에 매칭할 때는 신중한 평가를 거쳐 선정하는데, 이는 해당 기업의 잠재력을 높이 평가하고 팁스 프로그램을 통한 성장을 확신하는 적극적인 결정이라고 볼 수 있습니다.

5장

팁스 선정 프로세스(선정 평가)

- 1차, 2차 심사에서 '합격 도장' 받는 법

이번 장에서는 팁스의 본격적인 선정 평가 과정을 자세히 살펴보겠습니다. 창업기업은 팁스에 지원할 때, 일반적으로 다음과 같은 절차를 거치게 됩니다. 우선 운영사 투자, 팁스 운영사의 추천, 투자적절성 검증위원회의 검증 및 요건 검토를 거쳐 평가 진행 여부에 대한 통보를 받은 후, 본격적인 선정 평가 단계로 들어가게 됩니다. 선정 평가는 총 2단계에 걸쳐 이루어지며, 결과 통보와 필요에 따른 재심의 과정을 거칩니다.

① 1차 선정 평가 과정 및 구성

1차 선정 평가는 **대면 또는 비대면 방식**으로 이루어지며, 발표를 통해 진행됩니다. 발표는 약 60분 내외로 구성되며, 구체적인 진행 순서는 다음과 같습니다.

- **발표 준비**: 10~20분 내외
- **연구개발계획서 발표**: 최대 20분
- **질의응답(Q&A)**: 최대 20분

팁스 선정 평가에서 유의할 점은, 발표 시 팁스 운영사 관계자가 반드시 주 발표자로 포함되어야 하며, 창업기업이 단독으로 발표하는 것은 허용되지 않는다는 점입니다. 발표는 대면 또는 비대면 형식으로 진행될 수 있지만, 이 과정에서 운영사가 반드시 주 발표자로서 참여하여 기업과 공동으로 발표해야 합니다.

선정 평가 과정에서 심사위원들은 크게 다음과 같은 네 가지 요소를 중점적으로 평가합니다.

첫 번째, **기술의 혁신성과 R&D의 필요성**입니다. 이는 스타트업이 보유한 기술이 얼마나 혁신적이고 독창적인지 평가하는 것으로, 기존 시장과 비교했을 때 차별성과 경쟁력이 충분히 있는지를 중점적으로 봅니다. 또한 팁스 과제를 통해 기술 개발이 왜 필요한지, 이를 통해 기존 시장에서 얼마나 명확한 문제를 해결할 수 있고 경쟁력을 확보할 수 있는지 등을 평가하게 됩니다.

두 번째, **팀 구성 및 창업팀의 역량**입니다. 심사위원들은 기술 개발 과제를 성공적으로 수행할 역량이 있는지, 특히 CTO(최고기술책임자)와 연구개발 인력이 충분한 기술적 경험과 전문성을 갖추고 있는지를 평가합니다. 또한, 팀 내 구성원 간 협력 능력 및 리더십, 과제 계획을 실제 실행으로 옮길 수 있는 실행력 역시 중요한 요소로 심사합니다.

세 번째, **비즈니스 모델과 시장 가능성**입니다. 스타트업이 보유한 비즈니스 모델의 완성도와 명확한 시장 경쟁력을 바탕으로 얼마나 수익성을 창출할 수 있을지, 실제 목표 시장에서 경쟁력을 가지고 성과를 낼 수 있을지를 평가합니다. 시장이 성장 가능성이 충분한지와 함께, 스타트업이 실제로 그 성장을 실현할 수 있을지의 여부를 중점적으로 검토합니다.

네 번째, **후속 투자 및 글로벌 진출 가능성**입니다. 팁스 과제가 종료된 이후에도 스타트업이 지속해서 후속 투자를 유치할 수 있을 만큼 매력적인 사업모델과 시장 가능성을 보유했는지를 평가합니다. 또한, 향후 글로벌 시장 진출 가능성, 사업모델의 국제적 확장성 등을 함께 평가하며 투자 매력도를 종합적으로 판단하게 됩니다.

이러한 평가 항목은 운영사가 처음 스타트업에 투자할 때 고려하는 요소들과도 일맥상통합니다.

② 선정 평가 결과 산정 방식 및 후속 절차

선정 평가는 발표 평가 점수(100점 만점)와 가점(최대 3점)을 합산하여 최종 점수를 산정합니다. 심사위원들의 평가 점수 중 최고점과 최저점을 제외한 나머지 점수의 평균을 최종 평가 점수로 정하게 됩니다.

선정 평가 결과에 따라 후속 절차는 다음과 같이 나뉩니다.

- **선정된 기업**: 선정 평가에서 바로 통과할 경우, 선정 평가위원회의 보완 의견을 반영하여 협약 서류를 보완 제출하고 최종 협약을 체결합니다. 이후 연구개발비가 지급됩니다.
- **후보 지정(재도전 평가)**: 평가 결과 선정되지 않고 후보로 지정된 기업은 추가적인 재도전 평가를 받게 됩니다.
- **탈락한 기업**: 선정 평가에서 탈락 통보를 받은 경우, 재추천을 받아 다음 평가에 재도전할 수 있습니다. 단, 재추천 시 운영사는 기업별 연간 최대 2회, 운영사별 최대 3회의 제한된 추천권을 소진하게 됩니다. 탈락 기업의 재추천 시에는 운영

사의 추천권이 추가로 소진되므로, 운영사는 기업의 잠재력을 신중히 검토한 후에 추천 여부를 결정하게 됩니다.

또한 선정된 창업기업이 **투자 확약서**를 제출했을 경우, 서류 검토가 다시 이루어집니다. 투자 확약서는 투자 계약서와 달리 투자를 약속만 한 상태이며 실제 투자금 입금이 완료되지 않은 상태이기 때문입니다. 최종적으로 선정 평가위원회의 보완 의견이 모두 반영된 협약 서류를 제출하고 나면 최종 협약을 체결하게 됩니다.

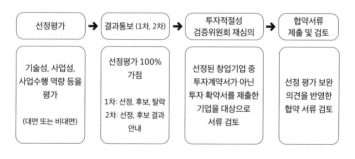

팁스 R&D 선정 절차 (선정평가에서 협약서류 검토까지)

팁스 선정 후 협약 및 연구개발

– 선정만이 끝이 아니다! 연구개발 자금을 받는 법

마지막 단계는 **팁스 협약 및 연구개발 진행 단계**입니다. 팁스 프로그램에 최종 선정된 스타트업은 정부와 협약을 체결한 뒤 본격적으로 연구개발(R&D) 과제를 수행하게 됩니다.

협약이 체결되면 스타트업은 본격적으로 R&D 과제를 시작하면서 정부의 연구개발비 지원을 받을 수 있습니다. 지원되는 총 연구개발비는 정부 지원금과 기업 자부담금으로 구성되는데, 정부 지원금이 75%, 기업 자부담이 25%로 나뉩니다. 예를 들어, 정부 지원금 규모가 총 5억 원이라면 정부 지원금이 3억 7,500만 원, 기업 자부담금이 1억 2,500만 원이 됩니다.

연구개발을 진행할 때 스타트업이 반드시 유의해야 할 사항은 다음과 같습니다.

연구개발 과제를 수행하면서 연구비 지출 내역을 정확히 기록하고 관리해야 합니다. 특히 팁스 과제의 연구비는 정부 지원금이므로 철저한 회계 처리 및 증빙 관리가 요구됩니다.

최초 협약 시 제출했던 연구개발 계획서의 내용을 변경할 경우 반드시 사전에 정부 승인을 받아야 합니다. 승인 없이 임

의로 변경할 경우 지원금 지급이 중단될 수 있으므로 주의해야 합니다.

매년 정기적으로 제출해야 하는 연차보고서를 반드시 기한 내에 제출해야 하며, 보고서를 제출하지 않을 경우 연구비 지급이 중단될 수 있습니다.

마지막으로 팁스 지원 준비부터 연구개발 진행까지의 전 과정을 다음과 같이 최종적으로 정리하고 마무리하겠습니다. 스타트업은 아래의 프로세스를 꼼꼼히 점검하고 전략적으로 접근하는 것이 중요합니다.

팁스 프로그램 프로세스 최종 정리

① 지원 전 자격요건 확인 및 사전 준비

② 팁스 운영사(민간 투자사)의 투자 유치

③ 팁스 운영사의 추천서류 제출

④ 창업기업의 팁스 과제 온라인 신청(IRIS 시스템 활용)

⑤ 투자적절성 검증위원회 심사 및 최종 선정

⑥ 팁스 협약 체결 및 연구개발 진행

지금까지 살펴본 팁스의 준비 및 선정 프로세스를 숙지하고, 단계별로 철저한 준비를 해나가는 것이 스타트업의 성공적인 성장을 위한 첫걸음입니다. 다음 장에서는 팁스의 투자 및 지원금 구조와 함께 팁스의 다양한 하위 프로그램에 대해 더욱 상세히 살펴보겠습니다.

```
┌─────────┐   ┌─────────┐   ┌─────────┐   ┌─────────┐   ┌─────────┐
│ 사전준비 │ → │ 팁스운영사 │ → │ 팁스 추천 │ → │ 선정 평가 │ → │  협약 및  │
│         │   │ 투자유치 │   │ 및 신청  │   │         │   │연구개발 진행│
└─────────┘   └─────────┘   └─────────┘   └─────────┘   └─────────┘
```

- 창업 7년   - 팁스운영사   - 팁스운영사   - 1차 평가: - 협약 체결 후
  이내 매출액   리스트 확인   추천받고   대면 발표   연구개발비
  20억 미만   및 접촉   투자계약서   및 심사   지급
- 기술력,   - 투자유치   제출하기   - 2차 평가: - 연차보고 및
  사업성,   성공 (1~2억   - IRIS 시스템에   최종 선정   연구성과 관리
  팀역량 점검   원 이상)   연구개발계획서   및 협약
- IR 자료 및   등 업로드   진행
  투자유치 준비

구분	제출서류	IRIS 파일업로드	비고
필수	팁스(TIPS) 사전 검토표	필수	
	팁스(TIPS) 창업기업추천서	필수	
	팁스(TIPS)창업기업 연구개발계획서 (요약)	온라인 입력	범부처통합 연구지원시스템(IRIS)
	팁스(TIPS) 창업기업 연구개발 계획서 (본문1)	필수	
	팁스(TIPS) 창업기업 연구개발 계획서 (본문2)	온라인 입력	범부처통합 연구지원시스템(IRIS)
	팁스(TIPS) 창업기업 연구개발 계획서 (부록) -붙임1. 국가연구 개발과제 신청 및 수행 등 내역 확인서 -붙임2. 영리 기관의 연구실 운영비 활용·관리계획	필수	
	투자 계약서 혹은 조건부 지분인수 계약서	필수	투자확약의 경우 '투자확약서' 제출
	운영사 투자 후 주주명부(최신본)	필수	주식매수선택권 부여했을 경우 계약서 합본하여 제출필요
	신용 상태 조회·정보 활용 동의서	필수	
	중소기업 기술개발 사업 개인정보수집·이용동의서	필수	

구분	제출서류	IRIS 파일업로드	비고
필수	신규인력채용(예정) 확인서	필수	별첨(건강보험자격득실확인서) 합본하여 제출필요
	연구자의 동시수행 과제제한(3책5공) 기준준수확인서	필수	
	사업자등록증, 법인등기부등본	필수	
	전년도확정재무제표	필수	국세청발급, 관할세무서신고(공증), 회계·세무법인(공증)된 재무제표 제출 필요
	4대사회보험 사업장 가입자명부(최신본)	필수	홈택스발급시, 자체보안설정 금지
해당시	주주간 계약서	해당시	
	기술교류 네트워킹 계획서		운영사의 현물투자가 있는 경우 제출
	창업기업 비수도권 소재(본사 또는 공장) 확약서		공장으로 가점 신청하는 경우 공장등록증명서 함께 제출
	외부기술도입비 현물산정 신청서		외부기술도입비 현물 계상시 제출
	(부가세포함 1억원이상) 연구시설, 장비도입 심의 요청서		해당 서류 제출
	내일채움공제(플러스) 가입증서		가입증서 외 서류 인정 불가
	프리팁스, 시드팁스 성과 평가 결과 안내 공문		프리팁스, 시드팁스 가점 신청시 제출
	프리팁스, 시드팁스 표준협약서(투자금인정 근거자료)		프리팁스, 시드팁스 투자금을 투자금액에 연동한 경우 제출

팁스 R&D 신청서류 목록

7장

팁스의 지원 구조

– 투자 1억 → 지원금 7억? 팁스 자금 흐름 완벽 정리

1장에서는 팁스(TIPS)의 기본 개념에 대해 살펴봤습니다. 팁스
는 기술 기반 스타트업이 민간 투자와 연계하여 정부의 연구
개발(R&D) 지원금을 매칭받는 구조로, 팁스 운영사가 스타트
업에 최소 1~2억 원을 투자하면 정부가 이에 대응하여 연구개
발 자금을 추가로 지원하는 프로그램입니다.

  이번 장에서는 팁스 지원의 자금 구조에 대해 자세히 살펴
보겠습니다. 기본적으로 팁스(일반형)는 3단계의 자금 지원 구
조로 운영됩니다.

- **1단계:** 팁스 운영사의 시드(seed) 투자
- **2단계:** 정부의 연구개발(R&D) 자금 매칭 지원
- **3단계:** 후속 사업화 및 성장 지원, 글로벌 진출 지원

팁스 R&D 자금의 흐름 정리

구분	지원 주체	금액(최대)	비고
민간 투자금	팁스 운영사(VC)	1억~2억 원	팁스 신청 필수 요건
정부 연구개발(R&D) 자금	중소벤처기업부	최대 5억 원	연구개발비 지원
창업사업화 지원금	중소벤처기업부	최대 1억 원	연구개발 후 사업화 지원
해외 마케팅 지원금	중소벤처기업부	최대 1억 원	해외 시장 개척 지원

기본적으로 팁스(TIPS)는 민관 협력 지원 프로그램이기 때문에 민간 투자자인 팁스 운영사의 선행 투자가 필수적으로 이루어져야 합니다. 운영사의 투자 유형(펀드 계정)에 따라 최소 투자금액은 달라지며, 고유 계정은 1억 원 이상, 펀드 계정(모태펀드)은 2억 원 이상의 선행 투자가 필요합니다. 추천 시점에 투자금이 실제 집행되지 않았다 하더라도 **투자 확약서로 증빙을 갈음할 수 있으나**, 팁스 협약 체결 전까지 실제 투자가 반드시 완료되어야 합니다.

이렇게 민간 투자자의 투자가 이루어진 후, 스타트업은 운영사와 함께 필요한 서류를 준비하여 팁스 프로그램에 신청하게 됩니다. 스타트업이 팁스 매칭에 성공하면, 정부는 운영사의 투자금액 대비 최대 5배(운영사의 1억 원 투자 기준 최대 5억 원)의 연구개발(R&D) 자금을 지원합니다. 이 지원금은 최대 2년에 걸쳐 연차별로 나누어 지급됩니다.

팁스 프로그램을 성공적으로 졸업한 기업은 후속 지원 프로그램을 통해 추가 지원금을 받을 수 있습니다. 후속 지원 프로그램은 **창업 사업화**와 **해외 마케팅**으로 나뉘며, 각각 최대 1

억 원씩 추가로 지원받을 수 있습니다.

정리하면, 팁스 프로그램을 통해 스타트업은 정부로부터 최대 7억 원(연구개발비 5억 원 + 창업사업화 지원금 1억 원 + 해외 마케팅 지원금 1억 원)을 지원받고, 팁스 운영사로부터 1~2억 원의 투자를 추가로 유치하게 되어 결과적으로 총 8~9억 원가량의 자금을 운용할 수 있게 됩니다.

단, 스타트업은 정부 지원금 안에 포함된 기업 자부담금을 반드시 고려해야 합니다. 팁스에서 지원하는 연구개발비는 정부 지원금 75%, 기업 자부담금 25%로 구성되어 있습니다. 예를 들어, 정부 지원금으로 총 5억 원의 연구개발비를 지급받기 위해서는 기업이 그 중 25%에 해당하는 약 1억 6,700만 원(5억 원 기준)을 자체 부담해야 합니다. 물론 스타트업은 운영사로부터 받은 투자금(1~2억 원)을 활용하여 이 기업 자부담금을 충당할 수 있습니다.

총 연구개발비	정부 지원금(75%)	기업 부담금(25%)
1억 원	7,500만 원	2,500만 원
3억 원	2.25억 원	7,500만 원
5억 원	3.75억 원	1.67억 원

팁스 R&D 매칭 지원금 계산 예시

표와 같이 지원금과 기업 부담금이 구성됩니다. 그렇다면 스타트업이 자부담금을 현명하게 활용하는 전략은 무엇이 있을까요?

첫째, 팁스 운영사로부터 받은 초기 투자금을 활용하여 자부담금을 충당하면 스타트업의 현금 흐름을 보다 안정적으로 유지할 수 있습니다.

둘째, 중소벤처기업부 R&D 과제나 산업통상자원부 등의 타 정부과제와 연계하여 연구개발을 진행하면 추가 연구개발비를 확보할 수 있습니다.

셋째, 사업화 과정에서 발생한 수익을 다시 연구개발에 재투자하여 자부담금을 충당하는 것도 가능합니다.

팁스 프로그램을 성공적으로 졸업한 이후 받는 추가 지원금으로는 창업사업화와 해외 마케팅 지원금이 있습니다. 이 자금을 활용하는 방안은 다음과 같습니다.

- **창업사업화 지원금**은 연구개발 이후 제품의 상용화, 초기 마케팅 비용으로 최대 1억 원까지 지원받을 수 있습니다. 예를 들어, AI 기술 기반 시니어 보행 분석 솔루션을 개발한 기업이라면 병원 및 실버타운을 대상으로 MVP 제품 출시, 고객 테스트 진행, 파일럿 프로젝트나 PoC(컨셉검증) 추진 등 초기 고객 확보와 영업 마케팅 활동에 적극적으로 활용할 수 있습니다.

- **해외 마케팅 지원금**은 해외 시장 진출을 목표로 하는 스타트업이 활용할 수 있으며, 해외 법인 설립, 국제 전시회 참가, 글로벌 투자 유치를 위한 마케팅 활동 등으로 최대 1억 원까지 지원받을 수 있습니다. 예를 들어, 앞서 언급한 AI 기반 보행 분석 솔루션을 개발한 스타트업이라면 미국 현지 법인을 설립하고 FDA 인증을 추진하거나, CES 등 글로벌 전시회 참가, 해외 벤처캐피탈(VC) 투자 유치를 위한 네트워킹 등 글로벌 확장 활동에 활용할 수 있습니다.

정리하면, 팁스를 통해 확보한 자금은 단계별로 전략적으로 운용할 필요가 있으며, 초기 투자금과 정부 지원금을 효과적으로 활용해 기업 성장의 레버리지로 삼는 것이 중요합니다.

팁스R&D 지원금의 단계별 활용 예시

단계	자금 구분	금액(최대)	활용
팁스 지원금의 활용 예시 (AI 기반 시니어 타깃 헬스케어 스타트업 A 사)			
1단계	팁스 R&D 자금	최대 5억 원	AI 모델 개발
2단계	창업 사업화	최대 1억 원	시제품 제작, 파일럿테스트 진행
3단계	해외 마케팅	최대 1억 원	해외시장 개척, FDA 인증 준비
4단계	후속 투자 유치	시리즈A, 30억 원	

위에서 언급한 사례를 통해, 스타트업 A사가 민간 팁스 운영사로부터 1억 원의 초기 투자를 유치한 후 팁스의 R&D 자금을 활용하여 AI 기반의 보행 분석 기술 개발을 진행할 수 있습니다. 또한, 팁스의 사업화 지원금을 통해 실버타운 등과 협력하여 실증 테스트를 진행하고, 이후 해외 마케팅 지원금을 활용하여 일본 및 미국 시장 진출을 목표로 단계적으로 사업을 확장할 수 있습니다. 이러한 각 단계에서 의미 있는 성과를 도출하게 되면, 이를 기반으로 후속 투자로 시리즈 A 라운드를 유치하여 본격적인 스케일업을 추진할 수 있게 됩니다.

팁스 지원 구조를 요약하여 정리하면 다음과 같습니다.

• 팁스는 민간 투자(1~2억 원)와 정부 R&D 지원금(최대 5억 원)을 결합하여 운영됩니다.

- 정부 지원금은 연구개발 비용의 75%를 정부가 지원하며, 나머지 25%는 기업이 부담합니다.
- 연구개발비 외에도 팁스 사업화 지원금(최대 1억 원)과 해외 마케팅 지원금(최대 1억 원)을 추가로 받을 수 있습니다.
- 팁스 프로그램 종료 후에는 후속 투자(시리즈 A, B 라운드), 글로벌 시장 진출 지원, 스케일업 팁스 프로그램 등과의 연계가 가능합니다.

8장.

프리팁스, 시드팁스 활용법
- 팁스 본 게임 전에 필수!
시드팁스, 프리팁스 100% 활용법

이번 장에서는 팁스(TIPS) 본사업 진입 전에 초기 스타트업을 지원하는 프로그램인 프리팁스(Pre-TIPS)와 시드팁스(Seed TIPS)에 대해 자세히 살펴보겠습니다.

(1) 프리팁스(Pre-TIPS)

프리팁스는 팁스 본사업 진입 전 단계에 있는 초기 스타트업을 대상으로 운영되는 프로그램입니다. 주로 팁스 운영사로부터 투자를 아직 받지 않은 초기 기업을 지원하는 사업으로, 기술 개발 이전 단계에서 MVP(최소기능제품) 개발, 시장 검증, 비즈니스 모델(BM) 정립 등을 돕기 위한 목적을 가지고 있습니다. 즉, 프리팁스는 바로 팁스 R&D 프로그램에 도전하기에는 준비가 부족한 기업들이 사전에 필수적인 준비 단계를 거칠 수 있도록 설계된 프로그램이라고 할 수 있습니다.

프리팁스는 초기 스타트업이라면 기본적으로 누구나 지원

할 수 있지만, 크게 **지역 트랙**과 **시드 트랙**으로 구분되어 운영됩니다. 각 트랙별로 지원 대상과 조건이 조금씩 다른데, 우선 프리팁스 지역 트랙의 지원 대상 조건은 다음과 같습니다.

프리팁스 지역 트랙 지원 대상

- 창업 3년 이내의 초기 기업
- 본사가 비수도권에 소재한 기업 (수도권 기업 신청 불가)
- 팁스 운영사로부터 최소 1,000만 원 이상의 투자 유치 필수

프리팁스 지역 트랙 지원 내용

구분	내용
지원 금액	최대 1억 원 (평균 지원금 8,400만원)
지원 기간	최대 10개월
지원 내용	MVP 개발, 시장 검증, 비즈니스 모델 정립
자부담 비율	사업비의 30% 이상 (예: 1억 원 지원 시, 기업 부담 3천만 원 필요)
후속 연계	팁스 진입 및 후속 투자 유치

이처럼 프리팁스 지역 트랙은 수도권 외 지역에서 활동하는 스타트업을 지원하여 지역 스타트업 생태계를 활성화하고, 향후 팁스 본사업에 진입할 수 있도록 초기 성장을 촉진하는 역할을 수행합니다.

다음으로는 프리팁스(Pre-TIPS) 중에서도 시드 트랙(Seed Track)에 대해 자세히 살펴보겠습니다.

프리팁스의 시드 트랙은 초기 단계의 스타트업 가운데 팁스 운영사의 배치 프로그램(batch program)을 거친 기업을 대

상으로 하는 프로그램입니다. 배치 프로그램을 통해 일정 수준 이상의 검증을 마친 기업들이 팁스 본사업에 진입할 수 있도록 준비시키는 단계로 볼 수 있습니다.

시드 트랙의 지원 대상 조건은 다음과 같습니다.

프리팁스 시드 트랙 지원 대상

- 창업 3년 이내 기업
- 수도권을 포함한 전국 어디서나 신청 가능
- 팁스 운영사가 제공하는 배치 프로그램(batch program)을 이수한 기업

프리팁스 – 시드 트랙 지원 내용

구분	내용
지원 금액	최대 1억 원 (평균 지원금 8400만 원)
지원 기간	최대 10개월
지원 내용	MVP 개발, 시장 검증, 비즈니스 모델 정립
자부담 비율	사업비의 30% 이상 (예: 1억 원 지원 시, 기업 부담 3천만 원 필요)
후속 연계	팁스 진입 및 후속 투자 유치

이러한 조건에서 알 수 있듯, 프리팁스의 시드 트랙은 팁스 운영사가 자체적으로 운영하는 액셀러레이션 프로그램을 통해 기술성과 사업성을 미리 검증받은 스타트업을 중심으로 지원 기회를 제공합니다. 특히 지역 제한 없이 전국 모든 스타트업에 기회가 열린 프로그램이라는 점에서 지역 트랙과는 차이가 있습니다.

프리팁스의 지역 트랙과 시드 트랙을 다시 한번 비교하여

정리하면 아래와 같습니다.

구분	지역트랙	시드트랙
운영 목적	비수도권 기업의 팁스 진입 지원	초기 창업기업의 팁스 진입 지원
지원 대상	창업 3년 이내 & 비수도권 본사 기업	창업 3년 이내 & 전국(수도권 포함)
필수 요건	팁스 운영사로부터 1,000만 원 이상 투자 유치 필수	팁스 운영사의 배치 프로그램을 수료한 기업만 지원 가능
지원금	최대 1억 원(평균 8,400만 원)	최대 1억 원(평균 8,400만 원)
기업 부담금	총 사업비의 30% 이상(현금 10% 이상, 현물 20% 이하)	총 사업비의 30% 이상(현금 10% 이상, 현물 20% 이하)
지원 기간	최대 10개월	최대 10개월
활용 가능 항목	R&D, 시제품 제작, 사업 모델 검증	R&D, 시제품 제작, 사업 모델 검증
목표	팁스 진입 및 후속 투자 유치	팁스 진입 및 후속 투자 유치
수도권 기업 지원 가능 여부	불가능(비수도권 기업만 가능)	가능

프리팁스 지역트랙 vs 시드트랙

그렇다면 기업이 프리팁스 지원금을 어떻게 활용하면 좋을까요?

프리팁스의 활용 전략

앞서 예시로 든 AI 알고리즘 기반의 보행 분석 기술 스타트업의 사례로 설명하겠습니다. 만약 프리팁스 지원 기업이 보행 분석 MVP를 개발하고 3곳의 실버타운에서 파일럿 테스트를

구분	내용
MVP 개발	프로토타입 제작, 고객 반응 확인
시장 검증, 고객 인터뷰	B2B 고객 미팅, B2C 사용자 테스트 진행
비즈니스 모델 개선	고객 피드백 반영 및 사업 모델 고도화, 후속 투자 유치 준비
팁스 운영사 네트워크 연결	팁스 운영사에 어필, 팁스 R&D로 연계

프리팁스의 활용 전략

진행한다고 할 경우, 지원금을 활용하여 MVP 개발, 시장 검증, 고객 인터뷰 등을 수행할 수 있습니다. 또한 현장에서 얻은 고객 피드백을 기반으로 비즈니스 모델을 고도화하고 정교화하는 작업을 진행할 수 있습니다. 이 과정에서 초기 매출이 발생하면, 프리팁스 이후 팁스 운영사와의 긴밀한 논의를 통해 팁스 본 트랙으로 연계할 수 있으며, 후속 투자 유치를 위한 준비를 병행하는 전략도 가능합니다.

프리팁스에 성공적으로 선정되기 위해 기업이 발표할 때 중점적으로 어필해야 할 전략은 다음 세 가지입니다.

① 시장 검증 가능성 강조

시장의 검증 가능성을 강조한다는 것은 고객 인터뷰, 설문 조사, 사전 계약, 데이터 분석 등을 통해 우리 기술과 제품이 시장에서 필요하다는 명확한 근거를 제시하는 것입니다.

한 사례로, 이전에 한 예비 사내벤처 기업을 멘토링했을 때의 경험이 있습니다. 이 기업은 비즈니스 모델의 시장성을 검증하기 위해 잠재 고객 100명 이상을 대상으로 설문조사를 실시했습니다. 이를 통해 얻은 데이터를 기반으로 발표에서 구체적인 수치를 제시했는데, 이러한 방식은 심사위원들에게 스타트업의 준비된 모습과 시장에서의 필요성을 설득력 있게 전달할 수 있었습니다.

② 현실적인 MVP 개발 목표 설정

현실적인 MVP 개발 목표란 프리팁스의 지원 기간인 약 10개월 이내에 명확하게 프로토타입을 제작하고, 실제 베타 테스트 또는 파일럿 테스트를 수행할 수 있는 구체적이고 달성 가능한 로드맵을 제시하는 것을 의미합니다.

예컨대, 작년에 생애최초 지원 사업에서 만난 어떤 창업자는 사업계획서에 사업화까지의 로드맵을 구체적으로 설정했습니다. 그는 프리팁스 이전 단계(1~4단계)에서 이미 어떤 준비를 마쳤고, 지원 사업 기간 동안 기술 고도화 단계를 명확히 제시(5~8단계)했으며, 최종적으로 지원 사업 종료 후에는 9단계인 상용화 목표까지 구체적으로 설정해 높은 평가를 받았습니다. 이처럼 구체적이고 단계적인 로드맵을 명확히 설정하면 심사위원에게 실현 가능성이 높다는 인상을 주어 선정 평가에서 긍정적인 평가를 받을 가능성이 높아집니다.

③ 후속 성장 가능성 어필

후속 성장 가능성이란 프리팁스 이후의 팁스 본 트랙(R&D 지원 사업)으로의 연계 가능성을 명확히 강조하는 것입니다. 즉, 프리팁스를 통해 확보한 MVP와 시장 검증 결과를 기반으로 향후 팁스 R&D 지원을 통해 본격적인 기술 고도화를 추진할 수 있음을 강조합니다.

예를 들어, 기업이 발표할 때 다음과 같은 논리로 어필할 수 있습니다.

"현재 우리 기업은 노인의 낙상 사고 예방을 위한 AI 기반 보행 분석 솔루션을 개발 중입니다. 프리팁스를 통해 6개월 내 MVP를 완성하고, 3개의 실버타운에서 실증 테스트를 진행할 계획입니다. 이를 통해 충분한 시장 검증을 마친 뒤, 팁스 본사업 R&D 지원을 활용하여 본격적인 연구개발과 제품 고도화를 추진할 예정입니다."

이처럼 단계별로 후속 성장을 명확하게 제시하면, 평가에서 좋은 결과를 얻을 가능성이 높아집니다.

이제 시드팁스(Seed TIPS)에 대해 알아보겠습니다.

(2) 시드팁스(Seed-TIPS)

시드 팁스는 예비창업자, 초기 창업자를 위해 시장을 검증하고 사업화 자금을 지원하는 프로그램으로 팁스 본 사업과 무관하게 지원할 수 있습니다. 시드 팁스에 지원하기 위한 요건은 다음과 같습니다.

- 예비창업자 및 기관투자를 받지 않은 3년 이내 개인 및 법인 사업자
- 팁스 본 사업과 별개로 신청 가능

시드팁스의 지원 내용

구분	내용
지원 금액	사업화 자금 최대 5천만 원
지원 기간	6개월
지원 내용	운영사 고유 배치 프로그램, 네트워킹, 멘토링, 데모데이
혜택	우수 기업에 대해 운영사 1억 원 이상 투자

시드팁스는 총 6개월간 진행되며, 최대 5천만 원의 지원금을 받을 수 있습니다. 앞서 살펴본 프리팁스 시드 트랙(10개월, 최대 1억 원 지원)에 비하면 기간과 지원금 모두 적은 편이지만, 창업기업이 팁스 본 프로그램에 도전하기 위한 준비 과정을 거치는 데는 적합한 프로그램이라고 볼 수 있습니다.

시드팁스 활용 전략

구분	내용
시장 검증	B2B 계약, 사용자 테스트 진행
제품 고도화	기능 추가, 디자인 개선
투자유치	시드 투자단계로의 성장 지원

그렇다면 시드팁스를 어떻게 활용하면 좋을까요? 우선 B2B 계약이나 실제 사용자 테스트를 진행하여 시장성을 검증할 수 있습니다. 또한, 기존에 개발한 솔루션의 기능을 추가하거나, UI/UX 등 디자인을 개선하는 제품 고도화를 진행할 수도 있습니다. 그리고 이러한 결과물을 바탕으로 시드 투자 유치

로 연결하는 전략도 가능합니다.

예를 들어, 시드팁스를 통해 AI 기반 보행 분석 솔루션의 UI/UX를 개선하고 실증 테스트를 진행하여 초기 고객 확보 가능성을 어필할 수 있습니다.

그렇다면 프리팁스와 시드팁스는 어떤 차이가 있을까요? 프리팁스는 지역 트랙과 시드 트랙 두 가지로 나뉘므로, 여기서는 프리팁스 시드 트랙과 시드팁스를 직접 비교해 보겠습니다. 두 프로그램의 주요 차이는 다음과 같습니다.

구분	프리팁스(Pre-TIPS)	시드팁스(Seed-TIPS)
목적	팁스 프로그램 진입을 준비하는 초기 창업 기업 지원	투자 이력이 없는 예비 창업팀이나 초기 창업 기업을 시드 투자 단계까지 성장 지원
지원대상	창업 3년 이내 기업, 팁스 운영사의 배치 프로그램을 수료한 기업	예비 창업팀, 창업 3년 이내 기업
지원내용	사업화 자금 최대 1억 원 팁스 프로그램 신청 시 가점 부여, 전용 IR 프로그램 지원	사업화 자금 최대 5천만 원 우수 기업에 대해 운영사의 1억 원 이상의 투자
협약기간	최대 10개월	최대 6개월
특징	팁스 프로그램 진입 준비 단계 엔젤 투자 유치 기업 대상	투자 이력이 없는 초기 창업팀의 시드 투자 단계 성장 지원

프리팁스(시드 트랙)와 시드 팁스의 차이점

프리팁스와 시드팁스는 모두 팁스 본 프로그램 진입을 준비하는 초기 창업기업에게 유용한 프로그램입니다. 다만, 프리팁스의 시드 트랙은 팁스 운영사의 배치 프로그램을 사전에 수행한 기업만 신청이 가능하며, 시드팁스는 예비 창업팀이나 창업 3년 이내의 모든 기업이 신청할 수 있다는 차이점이 있습니다.

지원 규모와 기간 면에서도 차이가 있습니다. 프리팁스의 시드 트랙은 10개월 동안 최대 1억 원의 사업화 자금을 지원하는 반면, 시드팁스는 6개월 동안 최대 5천만 원의 사업화 자금을 지원하고, 우수 기업으로 선정될 경우 추가로 1억 원 이상의 투자 유치 기회를 제공합니다.

이에 따라 프리팁스 시드 트랙은 주로 엔젤 투자 유치를 이미 받은 초기 기업이 팁스 본 프로그램에 진입하기 위한 준비 단계로 활용하는 경우가 많으며, 시드팁스는 아직 투자 이력이 없는 예비 창업팀이나 초기 창업기업이 시드 투자 단계로의 성장을 목표로 지원하는 경향이 강합니다.

그렇다면 프리팁스와 시드팁스를 동시에 신청할 수 있을까요?

프리팁스, 시드팁스와 일반 팁스 진행 가능 조합

구분	가능 여부 및 유의사항
프리팁스 → 팁스 R&D 연계	가능 (프리팁스를 마친 후 팁스 본 프로그램 도전 가능)
시드팁스 → 팁스 R&D 연계	가능 (시드팁스를 마친 후 팁스 본 프로그램 도전 가능)
프리팁스 & 시드팁스 동시 신청	불가능 (각각 별도로 신청해야 하며 중복 지원 불가)

프리팁스와 시드팁스는 지원 대상과 목적이 명확히 구분된 프로그램이기 때문에, 동시에 신청하는 것은 허용되지 않습니다. 각각 별도의 프로그램으로 신청하여 지원해야 하며, 하나의 프로그램을 완료한 이후에 다른 프로그램에 순차적으로 지원하는 것이 가능합니다.

그렇다면 프리팁스와 시드팁스 중 어떤 프로그램을 선택하는 것이 좋을까요?

예를 들어, 팁스 운영사의 배치 프로그램을 이미 마친 초기 스타트업이라면 프리팁스(시드 트랙)를 통해 충분한 사업화 자금을 확보하고, 팁스 본 프로그램으로 연계하는 전략이 더욱 적합합니다. 반면, 예비 창업자 또는 창업한 지 얼마 되지 않았으며 투자 이력이 없는 스타트업이라면 시드팁스를 선택하여 제품 고도화 및 시장 검증을 먼저 수행한 뒤 팁스 본사업에 도전하거나 추가 투자 유치를 추진하는 전략이 유리하다고 볼 수 있습니다.

즉, 각 기업의 현재 사업 준비 단계, 투자 유치 현황, 프로그램 참여 여부 등을 고려해 전략적으로 선택하는 것이 가장 중요합니다.

9장

딥테크 팁스 이해하기

– R&D 지원 15억까지! 딥테크 스타트업이라면 놓치지 마라

(1) 딥테크 팁스와 일반 팁스의 차이점

이번에는 기존 일반 팁스(TIPS)를 넘어, 특화형인 딥테크 팁스 (Deep Tech TIPS)에 대해 자세히 알아보겠습니다.

딥테크 팁스란, 일반 팁스보다 더욱 높은 기술 난이도와 혁신성을 요구하는 '초격차 기술 스타트업'을 위한 지원 프로그램입니다. 일반 팁스가 R&D 자금을 최대 2년간 5억 원까지 지원하는 것에 비해, 딥테크 팁스는 최대 **3년간 15억 원**까지 지원됩니다. 따라서 창업 기업이 뛰어난 기술력과 명확한 경쟁력을 갖추었다면 일반 팁스보다 딥테크 팁스에 도전하는 것이 더 유리합니다.

하지만 기술력만 갖추었다고 해서 모두 딥테크 팁스 프로그램을 수행할 수 있는 것은 아닙니다. 정부가 국가 전략산업으로 지정한 **10대 초격차 기술 분야**에 속한 기술을 보유한 기업만 신청이 가능하기 때문입니다. 또한, 이처럼 고난도의 기

술 개발을 성공적으로 수행하기 위해서는 창업 기업의 자체 기술 역량뿐 아니라 대기업, 연구소, 대학 등과의 협업도 필수적입니다.

딥테크 팁스를 신청하기 위해서는 팁스 운영사가 고유 계정 또는 펀드 계정을 통해 **최소 3억 원 이상**의 투자를 선행해야 합니다. 일반 팁스는 운영사의 투자 규모가 1~2억 원(고유 계정 또는 펀드 계정에 따라 상이)이므로, 딥테크 팁스가 보다 까다로운 투자 조건을 요구한다고 볼 수 있습니다. 딥테크 팁스 투자 조건을 자세히 살펴보면 다음과 같습니다.

- **고유 계정 투자**: 단독 운영사 1곳이 3억 원 이상을 100% 직접 투자
- **펀드 계정 투자**: 벤처 펀드를 통해 3억 원 이상 투자 (타 투자사와 공동 투자 가능)
  - 예시) 팁스 운영사 2억 원 + 외부 VC 1억 원 공동 투자로 조건 충족 가능

이처럼 딥테크 팁스가 상대적으로 더 엄격한 투자 요건을 두는 이유는 정부가 일반 팁스보다 3배 많은 15억 원의 연구개발비를 지원하는 만큼, 투자 단계에서부터 기술의 신뢰성과 시장성을 더 신중하게 평가하기 위함입니다. 즉, 민간 투자사의 투자 규모가 클수록 정부는 해당 스타트업의 기술 경쟁력과 성장 가능성이 높다고 판단하여 더 큰 규모의 지원을 하게 되는 것입니다.

정리하면, 딥테크 팁스와 일반 팁스의 주요 차이점은 다음과 같습니다.

구분	일반 팁스 (TIPS R&D)	딥테크 팁스 (Deep Tech TIPS)
지원 금액	최대 5억 원	최대 15억 원
연구개발 기간	최대 2년	최대 3년
지원 대상	기술 기반 스타트업 (일반적인 기술개발)	초격차 기술 보유 스타트업
사업화 지원금	최대 2억 원 추가 지원 (창업사업화, 홍보마케팅)	최대 2억 원 추가 지원 (창업사업화, 홍보마케팅)
기업 부담금	총 연구비의 25%	총 연구비의 25%

일반 팁스와 딥테크 팁스의 지원 금액과 기간 비교

앞서 표에서 살펴본 바와 같이, 딥테크 팁스는 일반 팁스보다 지원 규모가 3배 더 크지만, 기업이 부담해야 하는 연구개발비 비율은 팁스와 딥테크 팁스 모두 25%로 동일합니다.

즉, 일반 팁스에서 최대 5억 원의 지원금을 받을 경우 기업 부담금은 약 1.67억 원이지만, 딥테크 팁스에서 최대 15억 원을 받을 경우 기업의 부담금은 약 3.75억 원으로 늘어납니다. 따라서 딥테크 팁스를 선택할 때는 지원금 규모뿐 아니라, 기업의 자기 부담금에 대한 충분한 사전 준비가 필요합니다.

(2) 정부가 선정한 딥테크 팁스 10대 초격차 기술 분야

이번에는 창업기업이 딥테크 팁스 프로그램에 도전하기 위해 반드시 속해야 하는 정부 지정 '10대 초격차 기술 분야'를 살펴보겠습니다. 아래의 10대 기술 분야에 속한 비즈니스 모델을 보유한 기업만 딥테크 팁스에 지원할 수 있습니다.

기술 분야	설명
AI·빅데이터	머신러닝, 자연어 처리(NLP), 자율주행 AI, 데이터 분석 및 활용 기술
시스템 반도체	반도체 설계(팹리스), 저전력 AI칩, SoC(System-on-Chip) 기술
바이오·헬스	신약 개발, 정밀의료, 유전자 치료 기술 등
로봇·스마트 제조	산업용 로봇, 스마트 팩토리, 공정 자동화 기술 등
친환경·에너지	수소경제 기술, 탄소중립 기술, 신재생 에너지 기술 등
사이버보안·블록체인	양자 보안 기술, AI 기반 사이버 보안, 블록체인 기반 보안 기술
우주항공·해양	위성 기술, 우주 통신 기술, 우주 발사체 기술, 해양 탐사 기술
차세대 원전	소형 모듈 원자로(SMR), 핵융합 에너지 기술 등
양자 기술	양자 컴퓨팅 기술, 양자 센서 기술, 양자 암호 기술 등
미래 모빌리티	전기차(EV), UAM(도심항공교통), 자율주행, 스마트 교통 기술 등

정부 선정 10대 초격차 기술 분야

정부에서 지정한 10대 초격차 기술 분야는 AI·빅데이터, 시스템 반도체, 바이오·헬스, 로봇·스마트 제조, 친환경·에너지, 사이버보안·블록체인, 우주항공·해양, 차세대 원전, 양자 기술, 미래 모빌리티입니다.

이 분야에 해당하는 기술을 보유한 스타트업이라면 딥테크 팁스에 선정될 가능성이 상대적으로 높습니다. 따라서 전략적으로 명확한 연구개발 과제를 설정하고, 지원하고자 하는 기술 분야의 특성과 시장 가능성을 구체적으로 제시하는 것이 중요합니다.

이제 각 분야의 세부 내용을 좀 더 자세히 살펴볼까요?

AI·빅데이터

AI·빅데이터 분야는 주로 AI 모델 개발, 데이터 분석, 머신러닝 기술 개발을 핵심으로 합니다. 딥테크 팁스와 관련된 대표적인 연구개발 과제로는 다음과 같은 예시를 들 수 있습니다.

- 초거대 AI 모델 개발
- AI 반도체(NPU) 및 AI 가속기 기술 개발
- 자율주행 및 AI 컴퓨터 비전 기술
- 생성형 AI(Generative AI), 의료·법률·금융 등 AI 특화 모델
- 연합학습(Federated Learning), 개인화 추천 시스템
- 데이터 효율 최적화(Few-shot Learning, Transfer Learning)

이 분야의 스타트업이라면, '초거대 AI 모델 경량화를 위한 AI 반도체 최적화 기술 개발'이나 '의료 데이터를 활용한 AI 기반 신약 개발 플랫폼 구축'과 같은 구체적인 과제를 제안할 수 있습니다.

시스템 반도체

시스템 반도체 분야는 차세대 반도체 설계 및 제조, 특히 AI 반도체 개발이 주요 과제입니다. 딥테크 팁스 과제로 제안 가능한 기술 개발의 예시는 다음과 같습니다.

- AI 반도체(NPU, 딥러닝 가속기 등)
- RISC-V 기반 저전력 반도체 설계
- 3nm 이하 초미세 공정 반도체 설계
- PIM(Processing-in-Memory), HBM(고대역폭 메모리) 기술 개발

- 자율주행·IoT·모바일용 시스템온칩(SoC) 개발
- 차세대 차량용 반도체(ADAS, 전력 반도체, 센서 칩)

시스템 반도체 분야 스타트업이라면 '초저전력 AI 반도체 개발 및 엣지 AI 최적화' 또는 '차세대 RISC-V 기반 반도체 IP 플랫폼 구축' 같은 과제를 제안할 수 있습니다.

바이오·헬스

바이오·헬스 분야는 신약 개발, 정밀 의료, 유전자 치료 기술 등을 중심으로 합니다. 딥테크 팁스 관련 연구개발 과제 예시는 다음과 같습니다.

- AI 기반 신약 후보 물질 발굴(신약 개발 플랫폼)
- 유전체 분석 및 정밀의료(DNA·RNA 치료제, 맞춤형 치료)
- 오가노이드(장기 유사체) 기반 신약 테스트 기술
- 노화방지 및 항노화 치료제 개발
- 의료 AI(의료 영상 분석, 병리진단, 원격 진료 AI)
- 뇌-컴퓨터 인터페이스(Brain-Computer Interface, BCI)

해당 분야 스타트업이라면 'AI 기반 암 유전체 분석을 통한 맞춤형 항암 치료 솔루션 개발', 'BCI를 활용한 신경 재활 기술 개발'과 같은 과제를 제안할 수 있습니다.

로봇·스마트 제조

로봇·스마트 제조 분야는 차세대 로봇, 스마트 팩토리, 자동화 기술 개발 등을 중심으로 합니다. 핵심 딥테크 연구개발과제 예시는 다음과 같습니다.

- 자율이동로봇(AMR, AGV, 물류 로봇)
- AI 기반 스마트팩토리·무인화·자동화 기술
- 협동 로봇(Cobot), 의료 로봇, 정밀 제어 로봇
- 소프트 로봇(Soft Robot), 웨어러블 로봇 기술
- 산업용 AI와 로봇 융합기술(Edge AI, IoT 연동)

스타트업이라면 'AI 기반 협동 로봇 및 인간-로봇 상호작용 (HRI) 기술 개발', '5G 기반 스마트 팩토리 AI 모니터링 시스템 구축' 등을 과제로 제안할 수 있습니다.

친환경·에너지

친환경·에너지 분야는 탄소중립, 수소경제, 친환경 에너지 기술을 중심으로 합니다. 딥테크 팁스와 관련된 핵심 연구개발 과제 예시는 다음과 같습니다.

- 차세대 배터리(전고체 배터리, 리튬황 배터리 등)
- 고효율 태양광·풍력 발전 기술
- 수소 연료전지 및 친환경 수소 생산 기술
- 이산화탄소 포집·활용·저장(CCUS) 기술
- 에너지 저장 시스템(ESS) 고효율화 기술

해당 분야의 스타트업이라면 '수소 연료 전지 효율 최적화를 위한 나노 촉매 개발', '전고체 배터리용 고안전성 전해질 소재 개발' 등의 과제를 제안할 수 있습니다.

사이버보안·블록체인

사이버보안·블록체인 분야는 차세대 보안 기술, 블록체인 기반 보안 기술을 중심으로 합니다. 딥테크 팁스 과제 예시는 다음과 같습니다.

- AI 기반 보안 위협 탐지 및 대응 기술
- 양자암호·차세대 네트워크 보안 기술
- 디지털 신원 인증(DID, Zero Trust Security)
- 블록체인 기반 의료·물류 데이터 보호 기술

이러한 분야 스타트업이라면 'AI 기반 사이버 위협 탐지 및 자율 방어 시스템 개발', '블록체인 기반 의료 데이터 탈중앙화 저장소 구축'과 같은 과제를 제안할 수 있습니다.

우주항공·해양

우주항공·해양 분야는 위성 기술, 드론, 우주 통신, 해양 탐사 등을 중심으로 합니다. 딥테크 팁스 과제 예시는 다음과 같습니다.

- 초소형 위성·저궤도 위성통신 기술
- 해양 로봇 및 스마트 어업 기술
- 위성 데이터 기반 지구 관측 및 기후 분석 기술

스타트업이라면 'AI 기반 저궤도 위성 데이터 분석 플랫폼 구축'과 같은 과제를 제안할 수 있습니다.

차세대 원전

차세대 원전 분야는 소형 모듈 원자로(SMR), 핵융합 에너지 등을 중심으로 합니다. 딥테크 팁스 과제 예시는 다음과 같습니다.

- 소형 모듈 원자로(SMR) 기술 개발
- 핵융합 발전 기술(Tokamak 등 핵융합 기술)
- 고온가스로, 액체금속 냉각 원자로 등 차세대 원자로 기술
- 방사성 폐기물 최소화 및 재처리 기술
- 소듐냉각고속로(SFR), 초고온가스로(VHTR) 개발

이러한 분야에 기술 개발을 하는 스타트업이라면 딥테크 팁스 과제로 'SMR(소형모듈 원자로) 열교환 효율 향상을 위한 냉각 시스템 개발', '핵융합 플라즈마 안정화를 위한 AI 기반 예측 모델 개발', 등의 과제를 제안할 수 있겠죠. 차세대 원전분야의 경우 글로벌 대형 프로젝트(ITER, 미유럽 핵융합 연구)와 연계하면 유리합니다.

양자 기술

양자 기술 분야는 양자 컴퓨팅, 양자 센서, 양자 통신 기술을 중심으로 합니다. 딥테크 팁스와 관련해 핵심적인 연구개발 과제의 예시는 다음과 같습니다.

- 양자 컴퓨팅 기술 개발 (초전도 큐비트 기반 양자 컴퓨터 하드웨어 개발, 양자 알고리즘)
- 양자 센서 및 초정밀 측정 기술 (양자 기반 중력 센서, 자기장 측

정 센서 등)

- 양자 암호 통신 기술(QKD, Quantum Key Distribution)
- 양자컴퓨터 알고리즘 및 소프트웨어 개발

이러한 분야에서 기술 개발을 하는 스타트업이라면, 딥테크 팁스의 연구개발 과제로 '초전도 큐비트 기반 양자 컴퓨팅 프로세스 개발', '차세대 양자센서를 활용한 지하자원 탐사 기술' 등을 제안할 수 있겠습니다. 양자기술은 국가 전략 기술로 해외 연구소(미국 NIST, Google Quantum AI, IBM Q 등)와 협업할 경우 유리합니다.

미래 모빌리티

미래 모빌리티 분야는 전기차, 자율주행, 도심항공교통(UAM) 과 스마트 교통시스템을 중심으로 하고 있습니다. 딥테크 팁스에 적합한 핵심 연구개발 과제의 예시는 다음과 같습니다.

- 자율주행 AI 기술(L4-L5 수준의 완전 자율주행 기술 개발)
- 차세대 고밀도 배터리 기술(전고체 배터리, 리튬황 배터리 등)
- UAM(도심항공교통) 및 전기 수직이착륙(VTOL) 드론 기술
- 수소연료전지 기반 모빌리티 기술 개발
- V2X 기반 스마트 교통 및 도로 인프라 기술

이러한 분야에서 기술을 개발하는 스타트업이라면, 딥테크 팁스의 과제로는 'L4 수준의 자율주행 차량을 위한 AI 기반 객체 인식 및 예측 기술 개발', 'UAM 전기추진 시스템의 경량화 및 고효율화 기술 개발' 등을 제안할 수 있습니다. 특히 미래 모빌

리티 분야는 현대자동차, 테슬라, 보잉과 같은 글로벌 대기업과 협력하거나 글로벌 시장 진출 가능성을 구체적으로 제시할 경우 선정 평가에서 높은 점수를 받을 수 있습니다.

(3) 딥테크 팁스 종료 후 활용하는 사업화 지원금

딥테크 팁스 프로그램을 성공적으로 마친 기업은 **최대 2억 원의 사업화 지원금**을 추가로 받을 수 있습니다. 이 지원금은 창업 사업화 및 해외 마케팅 활동을 위해 활용되며, 정부 심사를 통해 최종 지급이 결정됩니다.

일반 팁스와 딥테크 팁스 모두 사업화 지원금을 제공하지만, 몇 가지 차이점이 있습니다. 일반 팁스는 사업화와 마케팅 지원금으로 각각 최대 1억 원씩(총 2억 원)을 받으며, 국내외 마케팅 활동 모두 가능하지만, 딥테크 팁스의 경우 해외 마케팅 지원금(최대 2억 원)으로만 한정되어 있다는 점입니다.

즉, 딥테크 팁스에 선정된 기업은 해외 박람회, 바이어 미팅 등 글로벌 시장 진출을 위한 활동에만 지원금을 활용할 수 있으며, 최대 지원 규모는 총 2억 원입니다.

또한, 사업화 지원금은 기업의 자기 부담 비율이 25%로 정해져 있습니다. 예를 들어, 최대 2억 원의 지원금을 받을 경우 기업의 자체 부담금은 약 5천만 원이 됩니다. 따라서 사업화 지원금을 활용할 때는 시리즈 A 투자 유치 또는 매출이 발생한 기업이 상대적으로 더 유리할 수 있습니다. 그렇지 않은 기업의 경우에는 추가적인 정부 지원 과제를 병행하여 자금을 확보하는 전략을 고려해 볼 필요가 있습니다.

구분	일반 팁스 (TIPS R&D)	딥테크 팁스 (Deep Tech TIPS)
R&D 지원금	최대 5억 원	최대 15억 원
연구개발 기간	최대 2년	최대 3년
사업화 지원금	최대 2억 원 (사업화 1억+마케팅 1억)	최대 2억 원 (해외 마케팅 전용)
사업화 지원 기간	최대 10개월	최대 10개월

일반 팁스 VS 딥테크 팁스 사업화 지원금 비교

팁스와 딥테크 팁스 프로그램이 종료된 후, 정부는 추가적으로 창업 사업화 및 해외 마케팅 지원금으로 최대 2억 원의 자금을 제공합니다. 이는 팁스 프로그램의 R&D 과제를 통해 확보한 기술을 실제 시장에 출시하고, 추가 투자 유치와 글로벌 진출을 촉진하기 위한 목적입니다.

특히, 딥테크 스타트업의 경우 일반 소프트웨어 기업과 달리 하드웨어, 소재, 반도체, 에너지, 로봇 등 분야가 많아 초기 사업화 비용 부담이 큰 편입니다. 이러한 산업의 경우 공장 설비 구축, 시제품 제작, 규제 인증 절차, 대규모 테스트베드 구축 등에 많은 비용과 시간이 소요됩니다. 따라서 딥테크 기업이 사업화 지원금을 전략적으로 활용하여 초기 비용을 최소화하고 본격적인 시장 진입 준비를 하는 것이 중요합니다.

일반적인 팁스 기업은 프로그램 종료 후 1년 이내에 사업화 매출이 발생할 수 있지만, 딥테크 기업은 상용화까지 최소 2~3년 이상 걸릴 수 있으므로, 딥테크 기업일수록 사업화 지원금의 전략적 활용이 필수적이라 하겠습니다.

즉, 딥테크 팁스 기업이 프로그램을 완료한 후 사업화 지원금을 신청할 때는 다음 사항을 중점적으로 고려하는 것이 좋습니다.

활용	내용
MVP(최소 기능 제품) 고도화	연구개발한 기술을 실제 제품으로 구현
파일럿 테스트 및 실증 실험	초기 고객 확보, 성능 검증 진행
인증·허가 비용	의료기기 인증(FDA, CE 등), 반도체 등 제품 규제 인증 비용 지원
초기 시장 개척	B2B 고객 확보, 초기 마케팅 활동, 영업 인력 확충 등에 활용
양산 테스트 및 제조 비용	시제품 제작, 제조 공정 최적화 및 생산 테스트 비용에 활용

사업화 지원금 활용 가능 분야

예를 들어, 사업화 지원금을 활용하여 MVP를 실제 제품으로 구체화하거나, 파일럿 테스트 및 현장 실증 실험을 통해 초기 고객을 확보하고 성능을 검증할 수 있습니다. 또한 의료기기 (FDA, CE)나 반도체와 같은 분야에서는 인증과 허가 비용으로 지원금을 사용할 수 있으며, 초기 시장 개척을 위한 B2B 고객 확보 및 마케팅 활동에도 투입할 수 있습니다. 더 나아가 시제품을 제작하거나 양산 공정의 최적화를 위한 제조 비용으로도 지원금을 전략적으로 활용할 수 있습니다.

이로써 1부에서는 팁스 프로그램의 전체적인 개념과 함께 팁스 선정을 위한 주요 프로세스, 프리팁스와 시드팁스, 일반 팁스와 딥테크 팁스의 차이점에 대해 자세히 살펴보았습니다.

이제 2부에서는 본격적으로 팁스 선정 가능성을 높이기 위한 **성공적인 연구개발계획서 작성법**에 대해 알아보겠습니다.

2부.

성공적인 팁스 제안서 작성법

창업기업이 팁스(TIPS) 프로그램에 선정되기 위해 가장 중요한 요소는 무엇일까요?

바로 **연구개발계획서**입니다.

연구개발계획서는 창업기업이 팁스 프로그램에 신청할 때 제출하는 필수 문서로서, 기업이 연구개발 과제를 통해 개발하려는 기술의 필요성, 사업성, 시장 전략 및 연구 목표를 명확하게 설명하는 문서입니다.

창업자는 이 계획서를 통해 해결하고자 하는 시장의 문제점을 구체적으로 정의하고, 이를 해결할 수 있는 독창적이고 현실적인 솔루션을 제시하여 연구개발의 필요성을 강조해야 합니다. 또한 기업이 보유한 기술이 기존 기술 대비 어떠한 차별점과 경쟁력을 갖추고 있는지, 현재 기술 수준을 바탕으로 실제 시장에서 성장성과 수익성을 창출할 수 있는지 명확하게 보여줘야 합니다.

이러한 구조는 팁스의 연구개발계획서가 기업이 투자 유치를 목적으로 작성하는 사업계획서(IR Deck)와 그 흐름 및 주요 항목들이 매우 유사하다는 점에서 공통점을 찾을 수 있습니다.

그럼 이제 본격적으로 팁스 연구개발계획서 본문에 반드시 들어가야 할 핵심 항목과 심사위원이 중점적으로 평가하는 내용 구조를 자세히 살펴보겠습니다.

<표 1>에서 연구개발계획서의 본문 목차를 살펴보면, 크게 5가지 주제로 구성되어 있으며, 팁스 프로그램 수행 계획서인 만큼 기술 개발과 관련된 부분이 매우 큰 비중을 차지하고 있습니다.

5개로 구성된 목차 항목 중 두 번째 항목이 <해결방안 및 세부 내용>을 기술해야 하는 항목입니다. 이 항목은 기술 개발 요약, 기술 개발 내용 및 목표, 기술개발 현황, 표준화 전략, 업무 분장 및 추진일정으로 구성되어 있습니다.

즉, 이 항목을 통해 심사위원은 기업이 현재 보유한 기술이 어느 단계까지 개발되었으며, 앞으로 어떤 기술을 구체적으로 개발할 계획인지, 나아가 이 기술을 어떻게 표준화하고 시장에서 성장시키기 위한 로드맵을 가지고 있는지 등을 종합적으로 평가하게 됩니다. **팁스 선정 과정에서 가장 중점적으로 평가하는 항목이기 때문에, 이 부분을 명확하고 구체적으로 작성하는 것이 매우 중요합니다.**

물론, 기술 개발만 잘한다고 모든 평가에서 좋은 점수를 받을 수 있는 것은 아닙니다. 기술 개발 후 해당 기술이 실제 시장에서 유의미한 매출과 성장을 만들어낼 수 있는지, 또한 기존 경쟁사 대비 얼마나 경쟁적 우위를 가지는지도 함께 평가됩니다. 따라서 기술뿐 아니라 시장 경쟁력과 사업성도 강조되어야 합니다.

주제	내용
I. 시장현황 및 문제점	
II. 해결방안 및 세부내용	1. 기술개발 요약 (Solution)
	2. 기술개발 내용 및 목표
	3. 기술개발 현황 (Preparation Status)
	4. 표준화 전략
	5. 업무분장 및 추진일정
III. 사업화 전략 (Scale-up)	1. 목표시장 및 경쟁사 현황
	2. 사업화 계획
	3. 글로벌 진출 전략
	4. 운영사 지원계획
	5. 고용창출 및 기대효과
	6. 사업화 목표
	7. 사업화 목표 산정 근거
IV. 창업기업 소개	
V. 연구개발 안전 및 보안조치 이행계획	1. 안전조치 이행계획
	2. 보안조치 이행계획
	3. 기술유출 방지대책
	4. 그밖의 조치사항 이행계획

표 1. 연구개발계획서 목차

항목	핵심 내용	중요도
1. 시장현황 및 연구개발 필요성	해결해야 할 시장 문제점, 연구개발 필요성 설명	★★★
2. 해결방안 및 기술 차별성	기존 기술 대비 차별점과 경쟁적 우위 요소 명확히 설명	★★★
3. 시장 분석 및 목표시장	목표 시장 규모, 경쟁사 분석, 사업 타당성	★★★
4. 연구개발 목표 및 수행 계획	연구개발 단계별 목표, 수행 일정, 마일스톤	★★★
5. 기술개발 현황	현재 기술 수준(TRL), 기존 연구 성과(특허·논문)	★★
6. 표준화 전략	국내외 표준, 인증 계획(FDA, CE 등), 규제 대응	★★
7. 기대 효과 및 사업화 계획	연구개발 완료 후 경제적·산업적 파급 효과, 후속 투자 전략	★★★
8. 창업기업 소개 및 팀 구성	창업팀의 연구개발 역량, CTO·연구진 경력	★★★
9. 운영사 지원계획	팁스 운영사의 투자, 멘토링, 네트워크 활용 계획	★★
10. 연구개발 보안 및 안전 조치	기술 유출 방지 전략, 연구소 보안·안전 계획	★

표 2. 팁스 연구개발계획서 작성의 핵심 구조

★★★ (매우 중요) : 팁스 심사에서 가장 중점적으로 평가하는 항목
★★ (중요) : 팁스 심사에서 보완 요소로 평가되는 항목
★ (보조적) : 평가 비중은 낮지만 포함하면 가점 요소

심사위원들이 팁스 연구개발계획서에서 집중적으로 평가하는 주요 내용은 〈표 2〉와 같습니다.

연구개발계획서의 구성 항목 중 특히 심사위원들이 가장 높은 비중을 두고 평가하는 항목은 다음과 같습니다.

- 시장 현황 및 연구개발 필요성
- 해결 방안 및 기술 차별성
- 시장 분석 및 목표 시장
- 연구개발 목표 및 수행 계획
- 기대 효과 및 사업화 계획
- 창업기업 소개 및 팀 구성

이 항목들은 실제 창업기업이 투자 유치를 위해 작성하는 IR 사업계획서(IR Deck)의 구성과 매우 밀접한 연관이 있습니다. 실제로 팁스 연구개발계획서의 구성 항목을 IR DECK과 연결해 보면 다음과 같은 대응 관계를 확인할 수 있습니다.

IR DECK 항목	팁스 연구개발계획서 항목
문제 정의	시장 현황 및 연구개발 필요성
문제 해결·기술 소개	해결 방안 및 기술의 차별성
경쟁사 분석	시장 분석 및 목표시장
비즈니스 모델(BM)	기대 효과 및 사업화 계획
팀 구성 및 역량	창업기업 소개 및 팀 구성

즉, 스타트업이 투자 유치를 위해 이미 준비해 놓은 IR DECK 자료가 팁스 연구개발계획서의 중요한 기반 자료로 그대로 활용될 수 있다는 점입니다.

따라서 IR 자료를 활용해 팁스 연구개발계획서를 작성할 때, 높은 평가 점수를 얻기 위한 전략적인 요령은 다음과 같습니다.

필수적으로 잘 써야 하는 핵심 항목(★★★)
- 시장 문제 및 연구 개발 필요성
- 기술 차별성 및 독창성
- 시장 분석 및 사업 타당성
- 연구 개발 목표 및 수행 계획
- 기대 효과 및 후속 성장 전략
- 팀 구성 및 연구개발 수행 역량

보완하면 가점 요소가 되는 항목 항목(★★)
- 현재 기술 개발 현황 (특허, TRL, 기존 연구 성과)
- 표준화 전략 (국내외 표준, 인증, 규제 대응)
- 팁스 운영사의 지원 계획 (투자, 멘토링, 네트워크 활용)

가급적 포함하면 좋은 보조 항목(★)
- 연구 개발 보안 및 안전 조치 (기술 유출 방지, 연구소 보안)

이제 본격적으로 연구개발계획서의 목차를 중심으로 각 항목별 구체적인 전략들을 살펴보겠습니다.

1장.

★★★

시장 현황 및 연구개발 필요성

연구개발계획서에서 **시장 현황 및 연구개발 필요성** 항목의 핵심은 다음과 같은 질문으로 요약할 수 있습니다.

"이 연구개발이 왜 필요한가?"

즉, 문제 제기를 통해 창업기업이 팁스 과제를 수행하는 데 있어 **5억 원의 연구개발 지원금을 받아야 하는 이유**를 명확히 제시하는 것이 가장 중요합니다. 핵심적인 평가 요소는 다음과 같습니다.

- 현재 시장에서 아직 해결되지 않은 명확한 문제점을 제시하고 있는가
- 창업기업이 제안하는 기술개발이 왜 꼭 필요한지를 설득력 있게 논리적으로 설명하고 있는가

이때 근거로 국내외 산업 동향, 정부 정책 방향, 글로벌 기술

트렌드와 같은 객관적이고 정량적인 수치 데이터를 제시한다면 더욱 신뢰성과 타당성을 높일 수 있습니다.

핵심 평가요소	현재 시장에서 해결되지 않은 "Pain Point(문제점)"를 제시해야 함
	연구개발이 "왜 꼭 필요한지" 논리적으로 설명해야 함
	국내외 산업 동향, 정부 정책, 글로벌 트렌드를 활용하면 유리함

해당 항목의 핵심 평가 요소

이를 종합하여 연구개발계획서의 **'시장현황 및 연구개발 필요성'**을 효과적으로 작성할 때 다음의 흐름을 따라 작성하면 좋습니다.

문제 정의 (What is the problem?)

문제 정의는 현재 시장에서 어떤 문제가 존재하는지 구체적으로 제시하는 것이 중요합니다. 이를 효과적으로 전달하기 위해 신뢰성 있는 데이터나 통계자료를 적극적으로 활용하는 것이 좋습니다.

기존 기술의 한계 (What is wrong with current solutions?)

기존 기술, 즉 경쟁사의 기술이나 제품이 해결하지 못하는 명확한 문제점을 제시해야 합니다. 이미 개발된 기술을 우리가 중복하여 개발하게 된다면, 후발주자인 우리 기업이 팁스 프로그램 지원을 받아야 할 명분이 약해질 수밖에 없습니다.

팁스 프로그램은 본래 기술에 대한 연구개발비를 지원받기 위한 목적을 가진 프로그램입니다. 따라서 기존 경쟁사의 제품이나 솔루션과 차별화된 명확한 기술적 솔루션이 있어야 하며, 기존 제품이 가진 한계를 극복할 수 있는 구체적이고 확실한 차별성을 제시하는 것이 필수적입니다.

연구개발의 필요성(What is R&D necessary?)

연구개발의 필요성 항목에서는 창업기업이 팁스 과제를 수행함으로써 기존 문제를 어떻게 해결할 수 있는지를 명확히 제시해야 합니다. 더 나아가 팁스 프로그램 수행 이후 해당 기업이 기존 문제를 해결하고 시장에 기여할 수 있는지를 설득력 있게 논리적으로 전개하는 것이 매우 중요합니다.

예를 들어 현재 우리의 개발 단계가 상용화까지 총 9단계 중 4단계까지 진척된 상황이라면, 팁스 프로그램의 지원을 통해 이를 8단계까지 끌어올릴 수 있고, 결과적으로 프로그램 종료와 동시에 곧바로 9단계인 상용화 단계에 진입하여 즉시 매출 창출이 가능하다는 논리적 흐름을 구성하면 훨씬 더 설득력이 높아질 것입니다.

다음은 연구개발의 필요성을 제시할 때 잘못된 예시와 바람직한 예시를 간략히 비교한 것입니다.

연구개발 필요성 작성 예시	
잘못된 예시	"AI 기술을 활용한 헬스케어 솔루션을 개발하려 합니다." (너무 일반적)
좋은 예시	"현재 국내 65세 이상 고령층의 낙상 사고 발생률은 연간 30만 건 이상이며, 이는 전체 노인의료비 증가의 주요 원인입니다. 하지만 기존 보행 분석 솔루션은 실시간 모니터링이 어렵고, 병원 방문 시에만 데이터를 수집할 수 있습니다. 본 연구개발에서는 AI 기반 실시간 보행 분석 기술을 적용하여 노인의 보행 패턴을 분석하고 낙상 위험을 사전에 예측하는 솔루션을 개발하고자 합니다."

연구개발계획서 시장현황 및 연구개발의 필요성 작성 예시

2장.

★★★

해결 방안 및 기술 차별성

해결 방안 및 기술 차별성을 설명하는 항목에서 가장 핵심적인 질문은 다음과 같습니다.

"우리의 기술이 기존 기술과 무엇이 다른가?"

이 질문에 답하기 위해서는 기존 기술과의 명확한 차별성, 독창적인 기술 요소를 구체적으로 제시해야 합니다. 실제 팁스 프로그램의 심사 시 핵심 평가 요소를 살펴보면, 경쟁 기술과 비교하여 우리 기술만의 차별성이 명확히 드러나야 하며, 연구개발을 통해 해결하고자 하는 기술적 난제가 무엇인지도 상세히 설명할 수 있어야 합니다.

특히 특허, 논문, 핵심 IP 등 지적재산권을 보유하고 있다면 이를 명확히 강조하여 기술의 독창성과 우수성을 돋보이게 하는 것이 매우 중요합니다. 이는 팁스 프로그램뿐만 아니라 일반 기업 평가 및 심사 현장에서도 동일하게 강조되는 부분으로, 기술 기반 기업의 경우 자체 기술과 관련된 지적재산권과 특허를 다수 보유하고 있으면 상당한 가산점을 받을 수 있습니다. 이는 기술 자체의 우수성뿐만 아니라 법적 보호를 통해 사업적 안정성을 확보할 수 있다는 신뢰를 주기 때문입니다.

핵심 평가요소	
	경쟁 기술과의 비교를 통해 기술의 차별성을 명확히 해야 함
	연구개발을 통해 해결될 기술적 난제를 구체적으로 제시해야 함
	기술의 독창성(특허, 논문, 핵심 IP 보유 여부)을 강조해야 함

해당 항목의 핵심 평가 요소

이를 바탕으로 보다 구체적인 연구개발 계획서를 작성하기 위해 다음과 같은 단계를 권장합니다.

기존 기술과의 비교 (Competitor Analysis)

기존 기술과의 비교를 위해서는 국내외 경쟁 기업 및 현재 진행 중인 연구를 조사하여 경쟁 기술의 현황과 수준을 명확히 제시해야 합니다. 일반적으로 사업계획서(IR DECK)에서는 경쟁 기술과의 비교를 테이블 형태로 구성하거나, 포지셔닝 맵(Positioning Map)을 활용해 경쟁 우위를 직관적으로 보여주는 것이 좋습니다. 우리와 경쟁 관계에 있는 글로벌 기업과 국내 기업의 기술 현황과 위치를 명확히 나타냄으로써, 우리 기술이 시장에서 차지하는 위치와 강점을 더욱 설득력 있게 제시할 수 있습니다.

차별화된 핵심 기술 (Unique Selling Point, USP)

차별화된 핵심 기술을 설명할 때는 우리가 연구개발을 통해 완성하고자 하는 기술이나 솔루션이 기존 기술 대비 어떤 우수성을 갖고 있는지 구체적으로 밝혀야 합니다. 특히 비용 절감, 속도, 정확도와 같이 정량적이고 객관적인 비교 데이터를 함께 제시할 경우 설득력이 크게 향상됩니다.

독창성 및 지적재산권(Intellectual Property, IP)

기술의 독창성과 관련한 지적재산권(IP)을 강조하기 위해서는 우리가 보유한 특허, 연구 논문, 독자적인 기술 모델, 독점적인 데이터 등 경쟁사가 모방하기 어려운 독특한 기술적 우위를 구체적으로 드러내는 것이 필수적입니다.

이러한 내용을 토대로 해결 방안 및 기술 차별성을 제시할 때, 잘못된 예시와 바람직한 예시를 간략히 비교하면 다음과 같습니다.

잘못된 예시	"우리 회사는 AI 기술을 활용하여 헬스케어 데이터를 분석합니다." (기존 기술 대비 명확한 차별성이나 독창성이 없음)
좋은 예시	"기존 헬스케어 AI 솔루션은 병원의 전자의무기록(EMR) 데이터 분석에 한정되어 있으나, 본 기술은 웨어러블 센서를 통해 24시간 실시간으로 개인의 건강 데이터를 분석할 수 있습니다. 또한, 기존 AI 모델의 평균 분석 소요시간은 약 30분이지만, 본 기술은 이를 10배 단축한 3분 이내의 실시간 분석 속도를 구현하였습니다. 아울러 본 기술과 관련하여 특허 3건을 보유하고 있으며, 독자적인 데이터셋을 구축해 경쟁사 대비 명확한 기술 우위를 확보했습니다."

해결방안 및 기술차별성 작성 예시

3장.

시장 분석 및 목표 시장 (★★★)

세 번째 항목인 **시장 분석 및 목표 시장**에서 핵심 질문은 다음과 같습니다.

"이 연구개발이 돈이 되는가?"

시장 분석 및 목표 시장을 작성할 때는 목표 시장의 규모, 경쟁사 분석, 사업의 타당성 등을 명확히 기재해야 합니다. 특히 심사의 핵심 평가 요소인 **시장 규모와 성장 가능성**을 입증할 수 있는 구체적이고 신뢰성 있는 수치를 제시하는 것이 중요합니다.

일반적으로 사업계획서(IR DECK)에서는 시장 규모를 전체 시장(TAM), 접근 가능한 시장(SAM), 실제로 확보 가능한 시장(SOM)의 세 단계로 나누어(TAM-SAM-SOM 분석) 근거 자료를 명확히 제시합니다. 마찬가지로 팁스 과제에서도 우리가 진출하고자 하는 시장의 규모를 구체적 데이터에 근거하여 정의하고, 목표 시장을 어떻게 공략할지, 구체적으로 어떤 고객을 타깃으로 삼을지 정확한 수치로 산정하여 제시해야 설득력이 높아집니다. 또한 경쟁사 분석과 더불어 우리 비즈니스 모델의 명확한 수익 구조도 제시되어야 합니다.

핵심 평가요소	명확한 "시장 규모와 성장 가능성" 제시
	구체적인 "타깃 고객" 설정
	경쟁사 분석 및 차별화 포인트 제시
	비즈니스 모델(BM, 수익화 모델)의 구체적 설명

해당 항목의 핵심 평가 요소

다음의 단계를 따라 시장 분석 및 목표 시장 부분을 더욱 구체적으로 작성할 수 있습니다.

시장 규모 및 성장성 (Market Size & Growth Potential)

우선 국내 및 글로벌 시장 규모 데이터를 활용하여 우리가 목표로 하는 시장의 크기를 명확히 정의하고 추정치를 제시합니다. 또한 해당 시장이 지속적으로 성장하고 있음을 보여주기 위해 연평균 성장률(CAGR)과 같은 신뢰성 있는 지표를 활용하는 것이 좋습니다. 아무리 뛰어난 기술이라도 진입하려는 시장이 레드오션이거나, 이미 성장 한계에 도달하여 축소 중인 사양 산업이라면 시장 진입의 매력이 떨어지고, 기술 상용화 이전에 사업 방향을 전환해야 하는 위험이 있기 때문입니다.

고객분석(Target Customer Analysis)

우리의 목표 시장이 B2B, B2C, B2B2C, B2G 중 어디에 속하는

지를 명확히 설정하고, 핵심 타깃과 확장 가능한 타깃으로 나누어 제시합니다. 타깃 고객 분류는 연령, 성별과 같은 인구통계학적(데모그래픽) 정보뿐 아니라 산업군, 활용처 등 다양한 변수를 고려해 더욱 정밀하게 설정하는 것이 좋습니다.

경쟁사 분석과 차별화 (Competitor Analysis)

주요 경쟁사와 우리 기술을 비교하여 비용, 기능, 성능 등의 차별성을 명확히 보여주는 표로 제시하면 효과적입니다. 이를 통해 심사위원들이 한눈에 우리 기술의 경쟁 우위를 파악할 수 있도록 합니다.

비즈니스 모델(Business Model, Revenue Stream)

마지막으로 SaaS, 구독형 모델, 라이선스 판매, 하드웨어 판매 등 수익화 모델을 도식화하여 구체적으로 제시합니다. 우리의 서비스가 어떤 가격 구조와 수익 구조를 갖추었는지 명확하게 전달하는 것이 중요합니다.

위 내용을 바탕으로 시장 분석 및 목표 시장 작성의 잘못된 예시와 상대적으로 좋은 예시는 다음과 같습니다.

잘못된 예시	"디지털 헬스케어 시장은 현재 150조 원 규모로 충분한 수익성이 예상된다." (시장 성장률, 세부 목표 시장, 경쟁사 분석, 구체적 수익 모델이 제시되지 않음)
좋은 예시	"글로벌 디지털 헬스케어 시장은 2024년 약 150조 원 규모에 달할 전망이며, 이 중 보행 분석 시장은 연평균 12%의 성장률(CAGR)을 기록하며 2028년까지 약 5조 원 규모로 성장할 것으로 예상됩니다. 현재 주요 경쟁사는 병원 기반 솔루션을 제공하는 미국의 X사와 유럽의 Y사가 있으며, 당사는 이들과 달리 개인 맞춤형 AI 보행 분석 솔루션으로 B2C 시장을 집중 공략할 계획입니다."

시장 분석 및 목표 시장 작성 예시

4장.

★★★

연구개발 목표 및 수행 계획

네 번째 항목인 **연구개발 목표 및 수행 계획**에서 가장 핵심이 되는 질문은 다음과 같습니다.

"연구개발 로드맵을 체계적으로 구성했는가?"

연구개발 목표 및 수행 계획을 작성할 때는 연구개발의 단계별 목표를 명확하게 설정하고, 수행 일정 및 마일스톤(Milestone)을 구체적으로 제시해야 합니다. 특히 연구개발 목표는 정량적인 수치(KPI)를 통해 명확하게 제시하고, 전체 연구개발 일정을 6개월 단위로 나누어 로드맵으로 제시하는 것이 가장 적절합니다. 상황에 따라 6개월보다 더 세부적으로 단계를 나누어 제시할 수도 있지만, 그 이상으로 길어질 경우 오히려 연구 일정에 대한 체계성이 부족하다는 인상을 줄 수 있습니다. 따라서 단계별 로드맵을 명확히 구성하는 것이 매우 중요합니다.

핵심 평가요소	연구개발 목표를 "정량적 수치(KPI)"로 표현해야 함
	"6개월 단위의 연구개발 마일스톤" 제시가 필수적임

해당 항목의 핵심 평가 요소

보다 구체적인 연구개발 계획서 작성을 위해서는 다음과 같은 단계로 진행하는 것이 좋습니다.

연구개발 목표 (R&D Goals)

연구개발 목표는 핵심 목표를 2~3가지로 요약하여 간결히 제시하고, 세부적인 개발 계획은 로드맵에서 단계별로 명확히 제시하는 것이 바람직합니다. 이때의 핵심 목표는 예컨대 정확도 90% 달성, 기존 기술 대비 처리 속도 40% 향상, 비용 25% 절감과 같이 명확한 수치로 제시할 때 설득력이 더욱 높아집니다.

연구개발 로드맵 (Milestone)

연구개발 로드맵은 최소 6개월 단위로 구체적인 목표와 주요 활동을 명시하는 것이 좋습니다. 필요할 경우 더욱 세부적으로 나누어 제시할 수도 있습니다. 로드맵은 우리가 전체 사업 구조를 명확히 이해하고 있으며 단계별 연구개발 관리를 철저히 수행하고 있다는 것을 보여주는 중요한 자료가 됩니다.

아래는 연구개발 목표 및 수행 계획을 제시할 때 활용할 수 있는 연구개발 로드맵 작성 예시입니다.

기간	연구개발 목표	주요 활동
1~6개월	AI 모델 개발	데이터셋 구축, 알고리즘 설계
7~12개월	프로토타입 개발	MVP(최소기능제품) 제작
13~18개월	시제품 제작 및 테스트	사용자 테스트, 성능 개선
19~24개월	제품 출시 준비	인증, 특허 등록, 사업화

연구개발 로드맵의 예시

5장.

★★

기술개발 현황

시장 분석 및 목표시장 항목에서의 핵심 질문이 "이 연구개발이 돈이 되는가?"였다면, 기술 개발 현황에 대한 핵심 질문은 다음과 같습니다.

> "현재 우리의 기술 수준은 어느 정도이며, 기존 연구 성과(특허, 논문, 프로토타입)는 무엇인가?"

기술 개발 현황 부분에서는 현재 우리 기업이 보유한 기술의 수준을 기술 성숙도(TRL: Technology Readiness Level)로 명확히 제시하고, 기존의 연구 성과(특허, 논문, 프로토타입 등)를 구체적으로 제시해야 합니다. 이때 심사 과정에서 중요한 핵심 평가 요소는 기업이 보유한 기술 수준과 연구개발 현황을 객관적이고 상세하게 설명하는 것이며, 기존에 확보된 연구 성과가 있다면 이를 적극적으로 제시하여 가점을 받을 수 있도록 하는 것입니다. 또한, 이전의 연구 성과와 앞으로 진행할 팁스 프로그램과의 연관성을 명확하게 제시하여, 이전의 연구 성

과를 기반으로 성공적으로 상용화 단계까지 진입할 수 있다
는 점을 설득력 있게 표현하는 것이 중요합니다.

핵심 평가요소	현재 기업이 보유한 기술 수준과 연구개발 현황을 구체적으로 제시해야 함
	기존 연구 성과(특허, 논문, 시제품 등)를 명확히 드러내어 가점 요소로 활용해야 함
	기술의 성숙도를 기반으로 현재 수준과 앞으로의 연구개발 목표를 명확히 제시해야 함

해당 항목의 핵심 평가 요소

구체적인 기술개발 현황 작성을 위해서는 다음과 같은 단계
로 진행할 수 있습니다.

현재 기술 수준과 성숙도(TR Technology Readiness Level, TRL)

우리의 기술 수준을 객관적으로 표현하기 위해 TRL(기술성숙
도)을 활용하면 신뢰도를 높일 수 있습니다. TRL은 아래와 같
이 단계적으로 표현할 수 있습니다.

TRL 단계	설명	예시
TRL 1~2	기초 연구 단계	논문, 기초 연구 진행 중
TRL 3~4	실험실 테스트 단계	프로토타입 개발, PoC 완료
TRL 5~6	파일럿 테스트 진행	고객 실증 테스트 진행 중
TRL 7~9	제품 상용화 단계	시장 출시 또는 양산 가능

기술 성숙도를 활용한 설명 예시

이를 통해 기업은 현재 기술 성숙도(TRL) 4단계 수준에서 프

로토타입 개발을 완료하였으며, 팁스 프로그램을 통해 TRL 7 이상으로 고도화할 계획임을 명확히 표현할 수 있습니다. 과거 실제 사례 중 한 기업은 연구개발 계획서에 기술 성숙도를 다음과 같이 세부적으로 구분하여 제시한 바 있습니다.

1단계: 기초 연구

2단계: 기술 개념 정립

3단계: 분석 및 실험을 통한 기술 개념 검증

4단계: 연구실 환경에서의 워킹 모델(Working Model) 개발

5단계: 유사 환경에서 워킹 모델 검증

6단계: 유사 환경에서 프로토타입 개발

7단계: 실제 환경에서 시제품 데모

8단계: 실제 환경에서의 완성 제품 개발 및 검증

9단계: 시장 출시 및 양산화

해당 기업은 사업 지원 당시 이미 TRL 4 수준으로 연구실 환경에서의 워킹 모델 개발을 완료한 상태였으며, 사업 협약 기간 내에 TRL 5~7 수준(유사환경 및 실제 환경에서 시제품 데모 완성)을 수행하고, 그 후 1년 내에 8~9단계를 완료하여 상용화 및 제품 출시를 달성하겠다는 로드맵을 매우 구체적으로 제시하였습니다.

이처럼 기술 성숙도를 명확하고 체계적으로 표현할 경우, 심사위원들이 기술의 개발 단계를 명확히 이해할 수 있게 되어 평가 시 큰 장점으로 작용할 수 있습니다.

기존 연구 성과 및 특허 현황 정리

기존 연구 성과와 특허 현황을 정리하는 부분은 기업이 보유한 특허, 논문, 시제품 개발 내용 등을 정리해 보는 겁니다. 이때 등록된 특허, 출원된 특허를 구분해 제시하고 연구 논문, 기존 정부 과제 수행 이력 등을 제시하는 것도 좋겠습니다.

이에 근거해서 기술개발현황을 제시한다고 할 때 예시를 간략히 보여드리면 다음과 같습니다.

잘못된 예시	제안사는 기존의 AI 기반 실버 헬스케어 보행분석 기술을 보유하고 있으며 내년 말 상용화할 예정이다
좋은 예시	제안사는 AI 기반 실버 헬스케어 보행 분석 기술을 보유하고 있으며, 현재까지 2건의 특허(출원번호: XX-XXXXX)를 등록하였다. 또한, 서울대병원과 공동 연구를 진행하여 실증 데이터를 확보하였다. 현재 TRL 4 수준이며, 팁스를 통해 AI 모델을 고도화하고 임상 실증을 완료할 계획이다.

기술개발 현황 작성 예시

6장.

★★

표준화 전략

여섯 번째 항목인 **표준화 전략**에서 핵심적으로 다루어야 할 질문은 다음과 같습니다.

"국내외 표준과의 연계 계획이 있는가?"
"국제 인증 및 국내 규제 대응이 가능한가?"

표준화 전략이란 팁스 과제를 통해 개발될 기술이 향후 국내외 표준과 얼마나 부합하는지, 국제 인증이나 국내 규제에 대응할 계획이 구체적으로 마련되어 있는지 제시하는 부분입니다. 예컨대, 기존의 표준 규격과 연계되지 않고 독자적으로 개발된 기술의 경우 실제 상용화 과정에서 큰 장애가 발생할 수 있습니다. 따라서 표준화 전략을 작성할 때에는 국내외 표준과의 연계성, 국제 인증 획득 계획, 규제 대응 방안을 명확히 하여, 국제 표준(ISO, IEC, IEEE 등) 및 국내 표준(KS 등)과의 연계를 강조하는 것이 매우 중요합니다. 특히 의료, 바이오, 반도체 등 규제가 엄격한 산업 분야에서는 인증 획득 계획을 함께 제시하는 것도 중요한 평가 요소입니다.

핵심 평가요소	연구개발 결과가 국내외 표준과 얼마나 부합하는지 설명
	국제 표준(ISO, IEC, IEEE 등) 또는 국내 KS 표준과의 연계성 강조
	의료·바이오·반도체 등 규제 산업의 경우 인증 획득 계획을 반드시 포함

해당 항목의 핵심 평가 요소

구체적인 연구개발 계획서 작성을 위해 다음과 같은 단계로
진행하는 것이 좋습니다.

국제 표준 및 국내 규제 대응 전략

예를 들어 아래 표와 같이 산업 분야별로 주요 표준화 대상과
관련 기관을 참고하여, 국제 인증 및 국내 규제 대응 계획을
구체적으로 제시할 수 있습니다.

산업	주요 표준화 대상	관련 기관
AI·소프트웨어	AI 윤리 가이드라인	ISO, IEEE (ISO/IEC 22989 등)
의료·바이오	의료기기 인증(FDA, CE, KFDA 등)	ISO 13485, KFDA, FDA, CE
반도체·전자	JEDEC 반도체 표준	JEDEC, IEC
로봇·자율주행	서비스 로봇 안전성 평가 기준	ISO 13482, SAE

주요 산업별 표준화 전략 예시

이를 활용하여 다음과 같이 기술의 표준화 전략을 명확히 제
시할 수 있습니다.

예시:

"본 기업은 AI 기반 보행 분석 기술을 개발하고 있으며, 이는 국제 표준 ISO/IEC 22989(인공지능 성능 평가 기준)를 준수합니다. 또한 국내 의료기기 인증(KFDA)을 획득할 예정이며, 글로벌 시장 진출 시 유럽의 CE 인증 획득도 병행하여 추진할 계획입니다."

국내 표준 및 특허 전략

국내 표준(KS, TTA 등)과의 연계를 통해 우리가 개발한 기술이 표준화 과정에서 유리한 입지를 가질 수 있음을 강조하는 것이 좋습니다. 예를 들어 다음과 같이 표현할 수 있습니다.

예시:

"본 기술은 ISO/IEC 22989 국제 표준을 기반으로 개발 중이며, KFDA 의료기기 인증 획득을 위한 임상 실증을 병행하여 추진할 예정입니다. 또한 관련 표준을 선점함으로써 국내 표준(KS) 및 특허 전략에서 우위를 점할 수 있도록 준비하고 있습니다. 이를 바탕으로 글로벌 시장 진입 시 CE 인증과 같은 국제 인증 획득에도 전략적으로 대응할 계획입니다."

이처럼 국내외 표준 및 인증과의 연계 전략을 명확하고 구체적으로 제시할 경우 심사 과정에서 높은 평가를 받을 수 있습니다.

★★★

7장

기대 효과 및 사업화 계획

기대 효과 및 사업화 계획 항목에서 반드시 다뤄야 할 핵심 질문은 다음과 같습니다.

"이 연구개발이 완료되면 어떤 성과를 창출할 것인가?"
"팁스 이후 어떻게 사업을 확장할 것인가?"

기대 효과 및 사업화 계획 부분은 연구개발 완료 이후 경제적·산업적 파급효과와 후속 투자 전략 등을 기반으로 연구개발 결과물이 시장에서 어떤 가치를 창출할지 구체적으로 제시하는 것이 중요합니다. 이를 위해 매출 창출과 투자 유치에 대한 긍정적인 결과, 기술 경쟁력 확보 및 특허 기반의 산업적 파급력, 고용 창출과 ESG 등 사회적 기여 효과 등을 제시해야 합니다. 더불어 팁스 이후 후속 투자, 글로벌 시장 진출, 정부의 후속 지원 프로그램과 연계 전략을 로드맵 형태로 제시하면 더욱 설득력이 높아집니다.

핵심 평가요소	연구개발 결과물이 시장에서 창출할 경제적 가치 제시 (매출, 투자 유치 등)
	산업적 파급력과 기술 경쟁력, 특허 전략 구체적으로 제시
	고용 창출, ESG 등 사회적 기여 효과 명확히 포함
	팁스 이후 후속 투자 유치, 글로벌 진출, 정부 지원 연계 전략 제시

해당 항목의 핵심 평가 요소

구체적으로 연구개발 계획서를 작성하기 위한 단계는 다음과 같습니다.

연구 개발 완료 후 기대 효과

연구개발 완료 후 기대 효과는 '해당 기술이 성공적으로 상용화되었을 때 기업과 산업, 사회에 어떤 영향을 미칠 것인지'를 중심으로 작성해야 합니다. 특히 예상 매출, 비용 절감 효과, 시장 점유율 확대 등 경제적 효과를 수치로 명확히 제시하고, 기술 차별성이 관련 산업 전반에 미치는 영향력, 특허 확보 계획, 글로벌 표준화 기여와 같은 산업적 파급력도 강조하는 것이 좋습니다. 또한 일자리 창출, 환경 보호, ESG 경영과 같은 사회적 기여 효과도 함께 기술해야 합니다.

작성 예시:

"본 연구개발이 완료되면 기존 보행 분석 솔루션 대비 50% 이상 빠른 AI 모델을 제공하여 병원 및 실버타운의 의료비를 절감하는 경제적 효과가 기대된다. 또한 국내외 30개 이상의 병원 및 기관과 협력하여 연 매출 100억 원 이상을 창출할 계획이며, 특허 3건을 추가 확보하여 산업 내 기술적 경쟁력을

강화할 것이다. 이를 통해 약 50명의 신규 고용 창출 및 ESG
경영을 통한 사회적 가치 창출에도 기여할 예정이다."

후속 투자 유치 전략

후속 투자 유치 전략에서는 팁스 프로그램이 종료된 이후의
Pre-A, 시리즈 A, B 등 후속 투자 계획과 목표 금액을 구체적으로
제시하는 것이 필요합니다. 특히 VC, CVC, 대기업의 전략적 투
자 유치 목표를 설정하고, 현재까지의 투자 유치 실적과 투자자
네트워크를 활용한 전략도 포함하면 더욱 좋습니다.

단계	투자자	투자 목표 금액	비고
Seed 투자 (팁스 초기 투자)	팁스 운영사	3억 원	팁스 R&D 매칭
시리즈 A 투자 (팁스 종료 후 1년 내)	VC, CVC	20~50억 원	제품 상용화 단계
시리즈 B 투자 (글로벌 확장 단계)	글로벌 VC, 대기업	100억 원 이상	해외 진출 및 스케일업

후속 투자 전략 예시 (단계별 투자 연계)

작성 예시:

"팁스 프로그램 종료 후 1년 이내에 시리즈 A 투자 30억 원을
유치하여 제품을 본격적으로 상용화할 계획이다. 현재 VC B
사 및 CVC C사와 투자 협의를 진행 중이며, 후속 투자 유치를
위한 글로벌 팁스 연계도 적극 활용할 예정이다."

글로벌 확장 전략

글로벌 확장 전략에서는 "팁스를 통해 개발한 기술을 글로벌

시장으로 확장할 계획이 있는가?"에 대한 답을 명확히 제시해야 합니다. 미국, 유럽, 일본, 동남아시아 등 구체적인 목표 시장을 명시하고, FDA, CE, ISO 등 해외 인증 계획과 함께 글로벌 팁스, KOTRA 등 글로벌 투자 유치 및 네트워크 활용 방안을 함께 작성해야 합니다.

작성 예시:

"본 기술은 글로벌 시장에서 경쟁력이 높은 만큼, 2026년까지 미국 및 유럽 시장 진출을 목표로 하고 있다. 이를 위해 글로벌 팁스를 적극 활용하여 미국 FDA 인증을 획득하고, 실리콘밸리 소재 글로벌 VC로부터 투자 유치를 진행할 계획이다. 또한 일본의 의료기기 유통기업 X사와 협력하여 일본 시장 진입 전략도 추진할 예정이다."

후속 정부 지원 프로그램 연계

후속 정부 지원 프로그램 연계 부분에서는 팁스 프로그램 이후 활용 가능한 정부 지원 프로그램(스케일업 팁스, 글로벌 팁스, 미래 유니콘 프로젝트 등)과의 연계 전략을 구체적으로 제시해야 합니다.

프로그램	지원 내용	비고
스케일업 팁스	후속 R&D 지원 (최대 20억 원)	팁스 졸업기업 대상
글로벌 팁스	해외 진출 지원 (최대 6억 원)	글로벌 시장 진출 지원
미래 유니콘 프로젝트	대규모 자금 지원 (최대 300억 원)	성장 가능성 높은 기업 대상

작성 예시:

"팁스 프로그램이 종료된 이후, 스케일업 팁스를 통해 추가적인 연구개발 자금을 확보하고, 글로벌 팁스를 활용하여 해외 시장 진출과 투자 유치를 적극적으로 추진할 예정이다. 또한 중장기적으로 '미래 유니콘 프로젝트'에 도전하여 유니콘 기업으로 성장하기 위한 안정적인 자금 기반을 마련할 계획이다."

위와 같이 기대 효과 및 사업화 계획을 구체적이고 명확히 작성하면 심사 과정에서 긍정적인 평가를 받을 수 있습니다.

★★★

8장

창업기업 소개 및 팀 구성

창업기업 소개 및 팀 구성 항목에서 가장 중요하게 다뤄야 할 핵심 질문은 다음과 같습니다.

"이 팀이 연구개발을 성공적으로 수행할 수 있는가?"

창업기업 소개 및 팀 구성 부분에서는 팁스 프로그램을 통해 제안한 과제를 24개월 내 성공적으로 완료할 수 있는 역량을 보유했음을 증명해야 합니다. 즉, 창업팀의 연구개발 역량과 CTO를 비롯한 주요 연구진의 전문성 및 경력이 명확히 드러나야 합니다. 평가 시 특히 주목하는 요소는 연구개발을 수행할 수 있는 팀의 역량이 충분한지, CTO(최고기술책임자)의 기술적 전문성이 검증되었는지, 팀원 개개인의 역할과 강점이 분명하게 기술되었는지 여부입니다.

핵심 평가요소	연구개발을 수행할 팀의 역량이 충분한가?
	CTO(최고기술책임자)의 기술적 전문성이 명확히 드러나는가?
	팀원들의 역할과 강점이 명확하게 기술되어 있는가?

해당 항목의 핵심 평가 요소

보다 구체적으로 연구개발 계획서를 작성할 때 다음과 같은 단계를 참고하면 좋습니다.

팀 구성 및 역할 분담

팀 구성 및 역할 분담을 기술할 때는 대표이사, CTO, 연구개발 팀 및 외부 협력 네트워크가 명확히 나타나야 합니다. 대표이사는 사업 개발, 투자 유치, 네트워크 확장을 담당하거나, 경우에 따라 대표 스스로가 연구개발 인력으로 참여할 수도 있습니다. CTO는 기술 개발 리더십을 통해 해당 기술을 성공적으로 개발할 역량을 보유하고 있음을 경력과 실적 등을 통해 명확히 제시해야 합니다. 연구개발팀의 경우 AI 엔지니어, 반도체 설계자, 바이오 연구원 등 각 과제 수행에 적합한 전문 연구 인력을 보유하고 있음을 구체적으로 드러내야 합니다. 만약 내부 연구개발 역량이 충분하지 않을 경우, 외부 협력 네트워크의 활용 방안과 협력의 긴밀성, 신뢰성을 보여주는 것도 중요합니다. 특히 외부 협력 네트워크로는 대학, 국책연구기관, 병원, 대기업 등과의 협력을 제시하면 가점 요인이 될 수 있습니다.

작성 예시:

"CTO는 KAIST AI 연구소 출신으로 AI 기반 보행 분석 관련 특허 4건을 보유하고 있으며, 삼성전자 AI팀에서 5년간 연구개발을 수행한 경험이 있다. 연구개발팀은 박사급 인력 3명과 석사급 인력 4명으로 구성되어 있으며, KAIST 및 국립재활원과 협업을 통해 실증 연구를 진행할 예정이다."

외부 협력 기관 활용

외부 협력 기관 활용 전략은 대학 연구소, 국책 연구기관, 병원, 대기업과 같은 신뢰도 높은 기관과의 협력 내용을 구체적으로 제시할 경우 평가 과정에서 긍정적 효과를 얻을 수 있습니다.

협력 기관	협업 내용	비고
KAIST AI 연구소	AI 알고리즘 공동 연구	AI 모델 고도화
서울대병원	임상 실증 테스트	의료 데이터 확보
삼성전자	반도체 협력 연구	AI 반도체 최적화

외부 협력기관 예시

작성 예시:

"본 연구개발 과제는 서울대학교병원과 협력하여 임상 실증 테스트를 수행하며, AI 알고리즘 고도화를 위해 KAIST AI 연구소와 공동 연구 협약을 체결하였다. 또한 AI 반도체의 효율성 향상을 위해 삼성전자와 전략적 협력관계를 구축하고 있다."

이처럼 팀 구성의 전문성과 명확한 역할 분담, 외부 기관과의 협력 전략을 상세히 제시할 경우 심사 과정에서 연구개발 과제를 성공적으로 수행할 수 있는 역량을 충분히 입증할 수 있습니다.

★★

9장

운영사 지원계획

운영사 지원 계획 항목에서 중점적으로 다뤄야 할 핵심 질문은 다음과 같습니다.

"팁스 운영사는 어떻게 지원할 것인가?"
"운영사의 네트워크 및 후속 투자 연계 계획은 어떠한가?"

운영사 지원 계획은 팁스 운영사가 제공하는 투자, 멘토링, 네트워크 활용 방안을 구체적으로 제시하며, 팁스 운영사가 단순한 투자자가 아니라 스타트업의 성장을 지원하는 파트너임을 강조하는 것이 중요합니다. 특히 운영사가 보유한 VC, 대기업, 연구기관 등과의 네트워크를 활용하여 추가 투자 유치, 기술 개발, 제품 상용화, 시장 검증 등을 지원하는 연계 계획을 상세히 기술해야 합니다. 더불어 후속 투자(시리즈 A, B 등) 지원 계획도 포함하면 더욱 좋습니다.

핵심 평가요소	팁스 운영사가 단순 투자자가 아니라 스타트업의 성장 파트너임을 강조
	운영사가 보유한 네트워크(VC, 대기업, 연구소 등)와의 구체적 연계 계획 제시
	후속 투자(시리즈 A, B 등) 지원 계획을 명확히 기술

해당 항목의 핵심 평가 요소

보다 구체적인 연구개발 계획서 작성을 위해 다음과 같은 단계로 진행하는 것이 좋습니다.

운영사의 투자 및 멘토링 계획

운영사 지원 계획을 작성할 때는 운영사가 제공하는 주요 지원 요소인 초기 투자 및 후속 투자 지원 가능성, 경영·기술 멘토링, 대기업 및 연구기관과의 협력 지원, 글로벌 시장 진출을 위한 지원 계획 등을 구체적으로 기술하는 것이 중요합니다. 이를 통해 팁스 운영사와 스타트업이 성공 파트너로서 긴밀히 협력하고 있다는 인상을 주는 것이 좋습니다.

작성 예시:

"운영사 A는 본 기업에 2억 원 규모의 초기 시드 투자를 진행하였으며, 향후 시리즈 A 투자(10억 원 이상)를 포함한 후속 투자 유치 지원을 계획하고 있다. 또한 국내 주요 대기업 B사와의 협력을 통해 기술 실증 테스트 및 상용화 지원을 추진하고 있으며, 글로벌 팁스를 활용하여 해외 VC와의 네트워킹 및 글로벌 시장 진출 지원도 적극 제공할 예정이다."

이와 같이 운영사의 역할과 지원 계획을 구체적으로 제시하면, 심사위원에게 성장 파트너로서의 신뢰감을 줄 수 있어 긍정적인 평가를 받을 수 있습니다.

10장.

★

연구개발 보안 및 안전 조치

마지막으로 연구개발 보안 및 안전 조치 항목에서 핵심적으로 다루어야 할 질문은 다음과 같습니다.

"연구개발 과정에서 보안과 안전을 어떻게 관리할 것인가?"
"기술 유출 방지 대책이 충분히 마련되어 있는가?"

연구개발 보안 및 안전 조치 항목에서는 연구개발 과정에서의 기술 유출 방지 전략과 연구소의 보안 및 안전 관리 계획을 명확히 제시해야 합니다. 심사 시 평가위원들은 특히 연구개발 과정에서 데이터 보호, 사이버 보안 및 기술 유출 방지 전략이 구체적으로 수립되어 있는지, 연구소 및 실험실에서의 안전 관리 방안과 연구 윤리 준수 여부가 충분히 고려되어 있는지를 중점적으로 평가하게 됩니다.

구체적인 연구개발 계획서 작성을 위해 다음과 같은 단계를 따르는 것이 좋습니다.

기술유출 방지 대책

기술 유출 방지 대책을 작성할 때는 내부 보안 시스템(접근 권한 제한, 데이터 보호 정책 등), 협력사와의 NDA(비밀유지계약) 체결 여부, 클라우드 서비스 보안 프로토콜(AWS, Azure 등) 등을 구체적으로 제시하여 기술 보호 전략이 철저히 수립되어 있음을 강조해야 합니다.

> 작성 예시:
> "본 연구개발 과정에서 생성되는 모든 데이터는 AES-256 암호화 기술을 적용하여 철저히 보호한다. 또한 외부 협력기관 및 파트너사와의 협력 시 NDA(비밀유지계약)를 필수적으로 체결하며, 연구소 내부적으로는 데이터 중요도에 따라 보안 등급을 설정하여 중요 데이터 접근 권한을 연구 책임자급 이상으로 제한한다."

연구개발 안전 조치

연구개발 안전 조치를 기술할 때는 연구소와 실험실에서 준수하는 안전 관리 가이드라인(KOSHA, ISO 45001 등)을 명확히 제시하고, 화학물질 및 고압장비와 같은 위험 요소가 존재하는 경우 별도의 안전 매뉴얼 및 교육 계획을 구체적으로 기술해야 합니다.

> 작성 예시:
> 본 연구개발 과정에서는 ISO 45001(산업안전보건경영시스템) 인증 기준을 철저히 준수한다. 특히 연구소 내 고압 전자장비 사용 시 별도의 안전 매뉴얼을 적용하며, 모든 연구개발 인력을 대상으로 정기적인 안전 교육을 실시하여 안전사고 예방과 연구원 보호에 만전을 기할 계획이다."

이와 같이 연구개발 과정에서 보안 및 안전 관리 계획을 철저하고 구체적으로 제시하면 평가 과정에서 신뢰성과 책임감을 높이는 데 큰 도움이 될 수 있습니다.

11장.

성공적인 팁스 제안서 작성을 위한 마무리

팁스(TIPS) 프로그램은 단순히 연구개발 자금을 지원하는 제도가 아니라, 기술 기반 스타트업이 글로벌 시장에서 경쟁력을 확보할 수 있도록 돕는 강력한 성장 촉진제입니다.

팁스 프로그램에 지원하기 위해 연구개발 계획서를 작성할 때는 일반적인 사업계획서가 아니라는 점을 반드시 명심해야 합니다. 심사위원들은 단순히 '좋은 아이디어'만을 찾는 것이 아닙니다. 과제로 제안한 기술이 실제 시장에서 성공 가능한지, 연구개발을 수행할 충분한 내부 역량이 있는지, 기술의 차별성과 사업의 타당성, 그리고 사업화 가능성을 종합적으로 평가하여 입증해야 합니다.

성공적인 팁스 제안서 작성을 위한 핵심 인사이트를 정리하면 다음과 같습니다.

① 연구개발의 필요성과 시장 기회를 명확히 제시하라

팁스 과제는 단순한 기술 개발이 아니라 시장의 실제적인 문제를 해결할 수 있는 기술이어야 합니다. 따라서 목표 시장의 규모, 성장 가능성, 기존 경쟁사의 한계를 객관적이고 정량적인 데이터로 설득력 있게 설명해야 합니다.

② 기술의 차별성과 독창성을 정량적으로 평가하라

특허, 논문, 기존 연구 성과를 활용해 기술적 신뢰성을 확보하고, 단순히 모호한 설명이 아닌 기존 경쟁 기술과 대비한 명확하고 수치화된 경쟁 우위를 제시해야 합니다.

③ 연구개발 목표를 구체적으로 설정하고
단계별 마일스톤을 제시하라

연구개발 목표는 6개월 단위 또는 그보다 더 짧은 주기로 나누어 구체적이고 명확한 성과를 설정해야 합니다. 단순히 'AI 기술을 개발하겠다'는 목표보다, '1단계(6개월): 데이터 수집 및 AI 모델 학습 → 2단계(12개월): 프로토타입 개발 및 성능 검증 → 3단계(18개월): 실증 테스트 → 4단계(24개월): 제품 출시' 와 같이 구체적이고 실현 가능한 목표를 제시하는 것이 중요합니다.

④ 팁스 이후의 성장 로드맵을 제시하라

팁스 프로그램은 성장 가능성이 높은 스타트업을 찾기 위한 프로그램이기 때문에 후속 투자 유치 계획, 글로벌 시장 진출 전략, 정부의 후속 지원 프로그램 활용 방안을 명확히 제시하는 것이 좋습니다. 팁스 프로그램 종료 후 글로벌 팁스, 스케일업 팁스, 미래 유니콘 프로젝트와 같은 후속 지원 프로그램과의 연계 계획을 구체적으로 포함하면 더욱 긍정적인 평가를 받을 수 있습니다.

⑤ 팀 구성과 지원 계획을 체계적으로 정리하라

심사위원들이 가장 중요하게 평가하는 항목 중 하나가 바로 팀 역량입니다. CTO의 전문성과 경험, 연구개발팀의 역량과 실적, 외부 협력 기관(대학, 연구소, 대기업 등)의 참여 여부를 강조하여 신뢰성을 높여야 합니다. 또한, 팁스 운영사가 제공하는 네트워크 활용, 후속 투자 연계, 멘토링 지원 계획 등을 포함하면 더욱 강력한 신뢰를 얻을 수 있습니다.

⑥ 기술 유출 방지 및 연구개발 안전 조치를 포함하라

연구개발 과정에서의 기술 보안과 특허 보호 전략을 명확하게 기술해야 합니다. AI, 반도체, 바이오 등과 같은 첨단기술(딥테크) 분야의 경우 특히 연구소의 보안 관리, 데이터 보호 정책, 기술 유출 방지 조치를 구체적으로 제시해야 신뢰성을 높일 수 있습니다.

이번 장에서는 성공적인 팁스 제안서를 작성하기 위한 핵심적인 방법과 인사이트를 살펴봤습니다.

팁스 프로그램은 단순히 뛰어난 아이디어나 기술을 지원하는 프로그램이 아니라, 이 프로그램을 통해 글로벌 시장을 선도할 혁신 스타트업으로 성장할 수 있는 가능성과 역량을 증명해야 하는 프로그램이라는 점을 다시 한번 강조하고 싶습니다. 그러므로 팁스 제안서를 작성할 때에는 **기술(Technology), 시장(Market), 팀(Team)의 세 가지 요소를 균형 있게 구성하는 것이 가장 중요합니다.**

팁스를 성공적으로 활용하여 창업자 여러분이 글로벌 시장을 주도할 스타트업으로 성장하시기를 응원합니다.

3부.

팁스 심사 통과 전략

1장.

팁스, 누적 233개 기업을 매칭하다

- 운영사가 투자하는 스타트업의 핵심 패턴 분석

저희 회사는 2016년부터 2018년까지 카이스트청년창업투자지주와 함께 공동으로 팁스 운영사 활동을 시작했습니다. 이후 2019년부터는 단독 팁스 운영사로 전환해 현재 일반형 팁스 및 딥테크 팁스 프로그램을 운영하고 있습니다. 본격적으로 투자 및 팁스 매칭을 활발히 진행한 시점은 2020년부터이며, 당시 코로나19로 인해 어려운 상황 속에서도 꾸준히 투자 활동을 지속했습니다. 그 결과, 2016년부터 2024년까지 총 233개 기업을 팁스 프로그램에 매칭하는 성과를 달성했습니다.

특히 최근 5개년의 팁스 매칭 건수를 살펴보면, 2020년 14건, 2021년 26건, 2022년 36건, 2023년 51건, 2024년 79건으로, 5년간 매칭 건수가 무려 5.6배 이상 증가한 것을 확인할 수 있습니다. 이에 따라 액셀러레이팅 업무를 담당하는 회사 조직 규모 역시 크게 확대되었습니다.

선정 연도	선정 기업 수
2016	4
2017	4
2018	5
2019	14
2020	14
2021	26
2022	36
2023	51
2024	79
합계	233

씨엔티테크의 연도별 팁스 선정 기업 수

초기 저희 회사의 투자는 후배 창업자들을 지원하는 기부의 개념에서 시작되었습니다. 하지만 꾸준히 투자가 축적되고 몇 개의 기업에서 성공적인 회수가 이루어지면서, 회사 내부적으로 본격적인 투자를 통해 많은 창업자를 육성하고 이들과 함께 성장 생태계를 만들자는 공감대가 형성되었습니다. 그 결과, 저희 회사는 처음 푸드테크 기업으로 출발했지만 현재 전체 구성원의 절반 이상이 액셀러레이팅 업무를 수행하는 회사로 성장했습니다.

투자 활동이 활발해지면서, 매일 오전 8시 40분부터 약 10~20분간 '전화성의 스타트업 모닝커피'라는 유튜브 라이브 방송도 시작하게 되었습니다. 이 방송은 매일 저희 회사가 투자 또는 보육하고 있는 스타트업 한 곳을 소개하는 프로그램으로, 많은 창업자에게는 홍보의 기회가 되고, 투자자들에게는 잠재적인 기업 발굴의 계기가 되었다는 피드백을 꾸준히 받고 있습니다.

이렇게 매일 아침 방송을 이어온 결과, 2025년 1월 31일에는 방송 1,000회를 맞이하게 되었습니다. 1,000회 특집 방송은 특별히 씨엔티테크에서 그동안 매칭한 팁스 선정 기업 특집으로 기획했으며, 233개 기업을 모두 소개하다 보니 방송 시간이 무려 4시간 30분을 넘기기도 했습니다. 이를 통해 그동안 참으로 많은 창업자들과 의미 있는 인연을 맺었음을 다시금 실감했습니다.

또한, 2016년부터 9년간 팁스 매칭을 하면서 연도별 산업 트렌드와 각 시기에 주목받은 키워드를 한번 정리할 필요가 있다는 생각이 들었습니다. 현재까지 약 470여 개 기업에 시드 투자를 진행했고, 그중 233개 기업을 팁스 프로그램에 매칭하다 보니, 시기별로 인기 있는 키워드와 비즈니스 모델이 조금씩 달라지는 것이 보였습니다. 이번 기회를 통해 팁스 선정 기업들을 연도별로 분석하고 각 시기별로 주목받았던 비즈니스 모델을 살펴봄으로써, 앞으로 팁스를 준비하는 분들에게 유의미한 인사이트를 제공하고자 합니다.

디테일한 분석을 위해 2016년부터 2024년까지 팁스 선정 기업 리스트를 공개하면서 주요 기업의 성공 포인트를 짚어 드리고, 산업 트렌드를 함께 소개하는 방식으로 전개하고자 합니다.

먼저 1장에서는 2016년부터 2018년까지 저희가 카이스트청년창업투자지주와 공동 운영사로 활동하던 시기에 매칭했던 기업에 대해 이야기하겠습니다. 이 기간 동안 총 13개의 기업이 팁스에 선정되었으며, 선정 기업 리스트는 다음과 같습니다.

2016-2018년 팁스 선정 기업 (13개)
- 더맘마 (마트 자동화 및 무인상점 플랫폼 구축을 위한 비전 AI 기술 개발)
- 비스키트 (어린이, 시니어, 펫 위치 추적 디바이스)
- 혼밥인의 만찬 (매장 상세 정보 및 유저간 공유 서비스)
- 브레인기어 (치매 및 알츠하이머 치료기기)
- 티이이웨어 (암호화 처리 및 암호키 관련 보완 솔루션)
- 플러스티브이 (고객대기공간 디지털 사이니지 서비스와 원격 제어 솔루션)
- 신의 직장 (챗봇 채팅 상담 솔루션)
- 울랄라랩 (사물인터넷 솔루션 개발)
- 블루레오 (음파 진동 및 분사 기능 구강제품)
- 이노온 (IoT 굴착 공사 감시 시스템)
- 미친익스프레스코리아 (이커머스 대상 모바일 플랫폼 제작 솔루션 및 딥러닝엔진)
- 베이비프렌즈 (엄마를 위한 모바일 소셜 커뮤니티 앱 서비스)
- 미스터멘션 (장기 숙박 플랫폼)

특히 이 중에서 **더맘마**는 전국 300개 이상 가맹마트 확보를 통해 MRO 사업을 성공적으로 전개하며, 2020년 기준 매출 662억 원을 달성했습니다. 김민수 대표는 혁신기업 국가대표 1000 금융지원 대상 기업으로 선정되었으며, 한국유통대상 산업통상자원부 장관상을 수상하기도 했습니다.

　브레인기어는 치매 및 알츠하이머 치료를 위한 근적외선

광테라피 시스템을 개발하여 한국보건산업진흥원 원장 표창을 수상하는 등 지속적인 성과를 내고 있으며, 호주 퀸즐랜드 두뇌 연구기관과 협력하여 글로벌 경쟁력을 키우고 있습니다.

플러스티브이는 디지털 사이니지 솔루션을 통해 고객 마케팅 플랫폼을 개발하여 2021년 CJ, LG, GS 등 50여 개 이상의 기업과 계약을 맺었으며, 카카오 모빌리티와 PoC 검증 후 2021년 12월 카카오 모빌리티에 인수합병되었습니다.

분야	기업 사례	핵심 특징
IoT 및 스마트 솔루션	더맘마, 울랄라랩, 이노온	스마트 팩토리, IoT 기반 자동화 및 무인화 기술
헬스케어 및 고령화 대응	브레인기어, 비스키트	치매 치료, 위치추적 등 건강 관리 제품
AI 및 데이터 보안	신의 직장, 티이이웨어	AI 챗봇 상담, 데이터 암호화 기술
소셜 플랫폼 및 커뮤니티	베이비프렌즈, 혼밥인의 만찬, 미스터멘션	타겟 고객 맞춤형 플랫폼
이커머스 및 O2O	미친익스프레스코리아, 블루레오	모바일 이커머스 및 O2O 플랫폼

2016~2018년 주요 기업 특징 정리

저희가 2016~2018년에 팁스 프로그램을 운영하며 매칭한 기업들의 사례를 분석해 보면, 당시 가장 주목받은 분야는 **IoT 기반의 자동화 및 무인화 기술**이었습니다. 특히 스마트 팩토리, 사물인터넷(IoT)을 활용한 자동화 기술이 크게 부각되었습니다. 이러한 기술 트렌드는 현재까지도 지속적으로 발전하고 있지만, 최근에는 AI와 데이터 분석 기반의 자동화 기술로 관심의 중심이 이동하고 있는 추세입니다.

헬스케어 및 시니어 테크 분야 역시 과거부터 지속적으로 성장하고 있는 분야 중 하나입니다. 초기 2016~2018년에는 헬스케어 분야가 주로 고령 인구 증가에 따른 치매 치료기기나 위치 추적 디바이스 등의 시니어 테크 중심이었다면, 현재는 AI 기반의 맞춤형 진단 및 디지털 치료기술 중심으로 그 영역이 확장되고 있습니다.

초기 팁스 선정 기업에서 등장한 AI 챗봇 기술의 경우, 당시에는 주로 고객 응대의 자동화 솔루션으로 기술 개발이 이루어졌으나, 최근에는 기술의 고도화와 더불어 생성형 AI(Generative AI)를 활용한 개인 맞춤형 서비스, 초개인화된 추천 기술 등으로 진화했습니다. 또한, 초기 데이터 암호화 기술에서 출발한 데이터 보안 분야도 현재는 사이버 보안 기술과 결합하여 더욱 정교화된 서비스로 발전 중입니다.

마지막으로, 이커머스 분야의 경우 초기에는 단순히 매장 정보 공유나 위치 기반의 플랫폼 서비스가 주목을 받았다면, 현재는 글로벌 시장의 확장과 함께 D2C(Direct to Customer) 플랫폼이 빠르게 성장하고 있습니다. 특히 최근에는 AI 기반의 개인화된 추천 기술이 강화되어 고객 맞춤형 서비스가 시장에서 핵심 경쟁력으로 부각되고 있는 상황입니다.

팁스 준비 TIP 01.

2025년 기준으로 팁스 선정을 목표로 하고 있는 기업이라면, 과거 선정된 기업들의 성공 사례를 참고하여 AI, 데이터 분석 자동화, 헬스케어, 개인화 서비스, D2C 플랫폼과 같은 최신 트렌드는 물론, 지속가능성 및 글로벌 확장 가능성까지 고려한 명확한 전략을 제시하는 것이 중요합니다. 특히 AI와 헬스케어, 시니어 테크, 개인화된 이커머스 및 데이터 기반의 자동화 분야는 여전히 성장 잠재력이 높은 만큼, 자신만의 차별화된 기술 경쟁력을 보여주는 것이 핵심입니다.

2장.
2019년 팁스 매칭 기업 사례와 성공전략

저희는 2019년부터 팁스 단독 운영사로서 본격적인 활동을 시작했습니다. 이때부터 기업 선별, 밀착 멘토링, 투자, 보육 등 보다 체계적이고 깊이 있는 기업 지원에 나섰으며, 그 결과 총 14개의 기업이 팁스 매칭에 성공했습니다.

2019년 팁스 선정 기업 (14개)

- 푸드팡 (중도매인과 식당 간 유통플랫폼)
- 달리셔스 (식단 큐레이션 및 조식 정기 배송 서비스)
- 푸드노트 서비스 (외식 배달 자영업자를 위한 AI 장부 작성 솔루션)
- 어거스트렌 (디지털 마스크팩 코스메틱 제조 판매사)
- 소프트자이온 (CRM 솔루션 전문 업체)
- 스마투스코리아 (가정용 구강 진단 장비 및 구강 관리 서비스)
- 고투조이 (베트남 호텔 최저가 O2O)
- 고미 코퍼레이션 (글로벌 커머스 원스톱 솔루션)
- 캐치플로우 (지향성 스피커를 활용한 소음 저감 및 초지향성

고출력 스피커개발)

- 메디프레소 (개인화된 깊은 휴식 및 수면 유도 안대 및 관리 서비스)
- 열정 팩토리 (다이어트 관리용 어플리케이션)
- 글로랑 (어학연수, 워킹홀리데이 등 맞춤형 유학정보와 커뮤니티 공간 서비스)
- 탱커 (AI 기반 근 감소증 예측 솔루션)
- 단색 (분자농업 스타트업)

2019년 선정된 기업들을 살펴보면, 푸드테크, 헬스케어, 글로벌 커머스, AI 및 CRM, 초지향성 기술, 신소재 및 분자농업 등 다양한 산업군에서 혁신적인 비즈니스 모델과 기술력을 보유한 스타트업이 많았습니다.

고미코퍼레이션은 글로벌 시장 진출을 원하는 국내 브랜드를 위해 수입허가부터 판매까지 원스톱 솔루션을 제공하는 기업입니다. 현재 베트남, 태국, 칠레 등 다양한 국가로 국내 제품 14,000여 개를 유통 중이며, 600개 이상의 브랜드와 계약을 체결하였습니다. 현재 아기유니콘 200 기업으로 선정되어 지속적인 성장을 이어가고 있습니다.

글로랑은 어린이 대상 비대면 교육 플랫폼 '꾸그'를 운영하고 있습니다. 5~13세 아동에게 맞춤형 온라인 라이브 클래스 및 개인화 학습 콘텐츠를 제공하며, 2023년 포브스 'Fast-Growing startup'에 선정되었고, 2024년 기준 누적 수강생 50만 명 돌파와 90억 원 규모의 시리즈 A 투자 유치에 성공했습니다.

메디프레소는 개인 맞춤형 웰니스 제품(한방 티캡슐, 발효 커피캡슐 등)과 휴식 관리 서비스를 제공하며, 마그나인베스트먼트, 동문파트너즈, 현대기술투자 등으로부터 총 55억 원의 투자를 유치했습니다. 국무총리 표창, 농림축산식품부 장관상, 중소벤처기업부 장관상 등 여러 차례 수상하며 기술력을 인정받고 있습니다.

푸드팡은 식자재 도매시장 직거래를 돕는 AI 기반 플랫폼을 운영하며, 2020년 론칭 3년 만에 매출 300억 원을 돌파했습니다. 2023년에는 농협과 산업은행으로부터 55억 원의 투자를 유치했으며, 2024년 기업가치 550억 원 규모로 급성장했습니다.

주요 분야	기업 사례	핵심 특징
푸드테크 및 외식 솔루션	푸드팡, 달리셔스, 푸드노트 서비스	식자재 유통, 식단 큐레이션, AI 기반 외식 솔루션
헬스케어 및 웰니스	스마투스코리아, 메디프레소, 탱커	IoT 구강 관리, 수면 관리, AI 근감소증 예측 솔루션
글로벌 커머스 및 O2O	고투조이, 고미코퍼레이션	글로벌 B2B 커머스, 해외 O2O 서비스
AI 및 CRM 솔루션	소프트자이온	AI 기반 CRM 솔루션
초지향성 오디오 기술	캐치플로우	초지향성 스피커 및 소음 저감 솔루션
신소재 및 분자농업	단색	분자농업 기반 바이오 혁신

2019년 팁스 선정 주요 기업들의 특징 정리

2019년에 팁스(TIPS)에 선정된 기업들의 사례를 바탕으로 현재의 트렌드를 비교·분석해 보면 다음과 같습니다.

먼저 푸드테크 분야를 살펴보면, 2019년 당시에는 정기배송 및 배달 최적화와 같은 키워드 중심의 비즈니스 모델이 인기를 끌었습니다. 반면 최근에는 AI 기반의 식품 추천과 지속 가능한 대체식품이 핵심 키워드로 부상하며 더 큰 주목을 받고 있습니다. 당시 팁스에 선정된 대표 기업으로는 '푸드팡'이 있습니다. 이들은 기존 오프라인 식자재 시장을 디지털화하여 신선식품 유통 프로세스를 효율적으로 개선했습니다. 또한 '달리셔스'는 건강한 라이프스타일을 추구하는 소비자들에게 개인 맞춤형 식단 서비스를 제공했으며, '푸드노트 서비스'는 음식점의 운영 데이터를 분석하여 매출과 비용을 자동으로 관리할 수 있도록 지원하는 솔루션을 선보였습니다. 2019년의 푸드테크는 주로 IT 기술(유통 최적화 및 데이터 분석 등)과 융합된 형태로, 외식 및 배달시장의 성장에 따라 자영업자를 돕는 솔루션으로서 주목받았습니다.

헬스케어 분야의 경우 2019년에는 구강 건강과 수면 웰니스 등 특정 분야에 대한 관심이 높았습니다. 최근에는 여기서 한 단계 더 나아가, 디지털 치료제와 개인 맞춤형 바이오 헬스케어 분야로 발전한 모습을 확인할 수 있습니다. 당시 팁스에 선정된 기업 중 '스마투스코리아'는 IoT 기술을 활용해 가정에서도 손쉽게 구강 건강 상태를 관리할 수 있는 스마트 솔루션을 제공했고, '탱커'는 AI 기반의 근감소증 예측 솔루션을 통해 노령층 증가에 따른 건강 문제를 예방·진단하는 시스템을 선보였습니다. 또 다른 선정 기업인 '메디프레소'는 수면과 휴식에 초점을 맞춘 개인 맞춤형 웰니스 기술을 내세워 맞춤형 헬스케어 및 웰니스 시장의 성장 가능성을 입증했습니다.

글로벌 커머스 분야에서는 2019년 당시 해외 O2O 및 B2B 유통 플랫폼 자체 서비스가 큰 인기를 끌었습니다. 현재는 크로스보더 이커머스와 D2C(Direct to Consumer) 글로벌 마켓으로 키워드가 이동하며 시장의 관심이 변화했습니다. 당시 팁스 매칭 기업으로는 '고투조이'가 있습니다. 이 기업은 베트남 시장을 중심으로 호텔 예약을 최적화하는 여행 서비스를 제공했습니다. 또 다른 기업인 '고미 코퍼레이션'은 국내 브랜드와 해외 유통망을 연결하는 글로벌 B2B 커머스 솔루션을 운영했습니다. 이 두 기업 모두 해외 시장을 공략하는 O2O 플랫폼으로 성장하면서 글로벌 커머스 활성화 흐름 속에서 주목받았습니다.

마지막으로 AI 및 CRM 분야에서는 2019년에 기업을 대상으로 하는 고객 관리 최적화 기술이 주목받았습니다. 최근에는 생성형 AI를 기반으로 한 B2B·B2C 초개인화 고객 서비스로 한층 진화한 양상을 보입니다. 당시 팁스 선정 기업인 '소프트자이온'은 고객 데이터를 분석 및 자동화하여 기업이 효율적으로 마케팅을 운영할 수 있도록 지원했습니다. 이는 당시 CRM을 활용한 비즈니스 최적화와 AI 기반 데이터 관리 솔루션이 기업 시장에서 확산하던 트렌드를 잘 보여줍니다.

팁스 준비 TIP 02.

2019년 팁스에 선정된 기업들은 AI, 푸드테크, 글로벌 커머스, 헬스케어, 초지향성 기술 등 다양한 혁신 분야에서 두각을 나타냈습니다. 특히 푸드테크와 식품 관련 데이터 분석 솔루션은 IT 기술과 융합되어 유통 최적화 및 자영업자 지원 솔루션으로 크게 각광을 받았습니다.

3장

2020년 팁스 매칭 기업 사례와 성공전략

2020년 씨엔티테크는 총 78개 기업에 71억 원의 투자를 집행하였으며, 이 중 14개 기업이 팁스 매칭에 성공했습니다. 2020년부터 본격적으로 투자 활동을 확장하며 성과를 내기 시작한 것입니다. 이를 위해 저희 심사역들은 우수 기업 발굴과 육성을 위해 상당한 노력을 기울이고 있습니다. 이러한 성과를 바탕으로 저희 회사의 투자 역량 역시 높아졌으며, 스타트업 생태계에서 입지도 더욱 강화되었습니다.

다음으로 2020년에 팁스 매칭에 성공한 14개 기업 사례를 살펴보겠습니다.

2020년 팁스 선정 기업 (14개)

- 디노스튜디오 (유튜버 매칭 서비스 솔루션)
- 셀플러스코리아 (자율주행 인공지능 솔루션 및 성능개선 전처리 장비, 부품개발)
- 베스텔라랩 (실내 무인 주차를 위한 자율주행 인지 및 판단 시스템)

- 골드앤로즈 (Z세대를 위한 현지 정보 공유 SNS)

- 기프티스타 (기프티콘 중개 서비스)

- 센시콘 (한국형 키오스크 플랫폼)

- 글림미디어 그룹 (K-POP 팬덤 플랫폼)

- 나인투식스 (고객 발에 맞는 기능성 신발 및 깔창 매칭 서비스)

- 세컨핸즈 (비대면 명품 중고거래 서비스)

- 로보트리 (로봇 커스터마이즈 O2O 플랫폼)

- 프로메디우스 (의료 인공지능 솔루션 개발)

- 마지막삼십분 (실시간 주차 대행 서비스 잇차 플랫폼 개발)

- 팀와이퍼 (손세차 대행 O2O 서비스)

- 넥센서 (제조-스마트공장 광계측 센서 개발)

2020년 팁스 선정 기업들의 트렌드를 분석해 보면 자율주행 및 스마트 모빌리티, AI 기반 의료 기술, O2O 서비스, Z세대 타깃 소셜 및 팬덤 플랫폼, 글로벌 이커머스 등이 두드러집니다.

먼저 자율주행 및 스마트 모빌리티 분야에서는 셀플러스코리아, 베스텔라랩, 마지막삼십분 등이 대표적입니다. **셀플러스코리아**는 자율주행 차량을 위한 인공지능 솔루션과 성능개선 전처리 장비 부품을 개발하여 주목받았고, **베스텔라랩**은 실내 공간에서 차량의 자동 주차를 구현하는 AI 솔루션을 선보였습니다. **마지막삼십분**은 고객이 차량을 맡기면 주차요원이 실시간으로 차량을 관리해 주는 O2O 서비스를 제공하여 소비자 편의성을 높였습니다. 당시 자율주행 기술의 상용화 가능성과 AI를 통한 최적화 기술이 산업 내 주요 화두였음을 알 수 있습니다.

헬스케어 분야에서는 AI 기술을 활용한 의료 영상 분석 및 진단 정확도 향상 솔루션 기업인 **프로메디우스**가 선정되었습니다. 당시 헬스케어 시장에서 AI 기술 활용이 본격화되며 병원 업무 효율화와 의료 서비스 개선 트렌드가 뚜렷해진 사례입니다.

O2O 분야는 코로나19 팬데믹 영향으로 더욱 성장했습니다. 팁스 매칭 기업 중 손세차 O2O 서비스를 제공하는 **팀와이퍼**, 로봇 커스터마이징 O2O 플랫폼을 운영한 **로보트리**가 대표적입니다. 이 밖에도 Z세대 타깃 소셜미디어 및 팬덤 플랫폼 부문에서는 **골드앤로즈**와 **글림미디어그룹**이 선정되어 K-POP 팬덤과 Z세대 중심의 콘텐츠 비즈니스가 글로벌 시장으로 빠르게 확장하는 흐름을 보여줬습니다.

이외에도 명품 및 중고거래 플랫폼 **세컨핸즈**, 디지털 상품권·쿠폰 거래 서비스를 제공하는 **기프티스타** 등이 이커머스 분야에서 선정되었습니다. 비대면 소비 트렌드 확산과 함께 명품 및 중고 거래 시장이 성장하는 데 크게 기여한 기업들입니다.

주요 분야	기업 사례	핵심 특징
자율주행 및 스마트 모빌리티	셀플러스코리아, 베스텔라랩, 마지막십분	자율주행 AI, 실내 무인 주차, 스마트 주차 대행
AI 및 의료 기술	프로메디우스	AI 기반 의료 진단 솔루션
O2O 및 로봇 서비스	팀와이퍼, 로보트리	손세차 대행, 로봇 커스터마이즈 O2O
Z세대 타겟 SNS 및 팬덤 플랫폼	골드앤로즈, 글림미디어그룹	Z세대 SNS, K-POP 팬덤 플랫폼
이커머스 및 중고거래	세컨핸즈, 기프티스타	비대면 명품 중고거래, 기프티콘 거래 플랫폼

주요 분야	기업 사례	핵심 특징
맞춤형 피팅 및 기능성 제품	나인투식스	맞춤형 기능성 신발 및 깔창
스마트 제조 및 광계측 기술	넥센서	스마트 공장용 광계측 센서

2020년 팁스 선정 주요 기업들의 특징 정리

2020년의 팁스 선정 기업들의 키워드를 기반으로 최근의 트렌드와 비교해 보면, 자율주행 기술은 스마트 모빌리티에서 자율주행 물류 서비스로 발전했고, AI 기반 헬스케어는 디지털 치료제와 개인 맞춤형 정밀 의료로 고도화되었습니다. O2O 서비스는 초개인화 및 구독형 서비스 모델로 진화하고 있으며, Z세대 타깃 SNS 플랫폼은 메타버스 기반 소셜 커뮤니티로 영역을 넓히고 있습니다. 팬덤 플랫폼 역시 K-POP과 K-컬처 중심의 글로벌 확장성이 계속 강조되는 모습입니다. 스마트 제조 분야는 AI 기반 공정 최적화 및 스마트 팩토리 기술 중심으로 꾸준히 발전하고 있습니다.

팁스 준비 TIP 03.

2020년은 코로나19 팬데믹 영향으로 '비대면' 키워드가 주요하게 작용했습니다. 특히 비대면 중심의 O2O 서비스와 Z세대를 대상으로 한 소셜 및 팬덤 플랫폼 등 온라인 공간에서의 문제 해결력을 제시한 기업들이 팁스 선정에서 우위를 보였습니다. 온라인 시대를 주도할 아이디어가 팁스 매칭의 핵심 성공요인으로 자리 잡은 것입니다. 이러한 트렌드를 고려하여 사업 전략과 IR 포인트를 기획하는 것이 유리합니다.

4장.

2021년 팁스 매칭 기업 사례와 성공전략

2020년에 이어 2021년에도 씨엔티테크는 74개 기업에 총 91.3억 원을 투자하는 등, 연간 70개 이상의 초기 기업에 활발히 투자를 진행했습니다. 특히 이 시기부터 팁스(TIPS) 매칭 또한 더욱 적극적으로 이루어졌는데요. 2021년 투자한 74개 기업 중 총 26개 기업이 팁스 매칭에 성공했습니다. 2021년 팁스에 선정된 주요 기업 리스트는 다음과 같습니다.

2021년 팁스 선정 기업 (26개)
- 에스와이솔루션 (3배합과 식물추출 기반 식감을 완성한 식물성 고기)
- 알지티 (자율주행 로봇)
- 맥파이테크 (양방향 레이저 거리 측정기)
- 아고스비전 (초광각 3D 카메라 및 컴퓨터 비전 솔루션)
- 제이앤피네이처 (나노 메조포러스 소재의 플랫폼 및 상용화 공정)
- 키브 (플랫폼 기반 산업용 머신 비전)

- 애쓰지마 (피싱(Fishing) 내비게이터, 플랫폼)
- 리퀴드네이션 (헤어디자이너와 고객을 연결하는 O2O 플랫폼)
- 올트 (IoT 스마트공장, 전자저울로 IoT 부품 자동공급관리 시스템)
- 에스에프에스 (3D 프린터제조 및 프린팅 전문 기업)
- 위밋모빌리티 (경로 최적화 기반 자동 배차 솔루션)
- 케이에스앤픽 (글로벌 오디션 플랫폼 운영 및 엔터테크 기업)
- 스튜디오갈릴레이 (스마트 모빌리티 플랫폼)
- 에스엘즈 (설계 자동화 기반 증강 휴먼 건설 기술)
- 마이브레인 (두뇌 전용 3.0T 오피스형 MRI)
- 위미트 (국내산 버섯을 활용한 균류 대체육 제품)
- 크리스틴 컴퍼니 (스마트 신발 제조 플랫폼)
- 오픈플랜 (생활밀착형 온디맨드 보험 플랫폼)
- 에이아이바 (스마트 신체측정 마이핏, XR 쇼룸 플랫폼)
- 바이셀스탠다드 (중고명품 조각투자 플랫폼)
- 다리소프트 (인공지능 도로 위험 정보 실시간 서비스)
- 비포플레이 (데이터/게임 디스커버리 플랫폼, 게임 데이터 BI)
- 하얀마인드 (영상 기반 영어 말하기 연습용 모바일 서비스)
- 오몰래 (근력 데이터 수집 시스템)
- 앰프 (글로벌 K-POP 굿즈 중개 플랫폼)
- 에이유 (차량 탑승자 확인 시스템)

2021년 팁스에 선정된 기업들은 푸드테크, 스마트 모빌리티 및 자율주행, 머신 비전 및 컴퓨터 비전, 금융 투자 및 혁신, O2O 및 엔터테크, 헬스케어 및 바이오, 인공지능 기반 자동화 기술 등 다양한 기술 혁신을 선보였습니다.

그중 **아고스비전**은 초광각 3D 카메라와 컴퓨터 비전 기술을 결합해 다양한 산업군에서 적용 가능한 첨단 영상 인식 및 분석 솔루션을 제공하는 기업입니다. 현대자동차의 스타트업 육성 프로그램 '제로원'으로부터 투자를 유치했으며, 현재 고해상도의 실시간 데이터 수집을 비롯해 딥러닝과 AI 기반의 객체 인식, 거리 및 공간 분석 서비스를 통해 지속적인 성장세를 보이고 있습니다.

위밋모빌리티는 물류 배송의 배차 및 경로 최적화에 필수적인 TMS(운송 관리 시스템) 솔루션을 개발 및 운영하는 기업입니다. 위밋모빌리티는 2019년 '모빌리티 기술 대상 최우수상'(과학기술정보통신부 장관상)을 수상한 것을 시작으로, 2022년에는 국토교통부 장관상과 산업통상자원부 장관상을, 2023년에는 LG전자와 협업하여 최우수 스타트업 대상을 수상했습니다. 또한, 2024년에도 국토교통부 장관 표창을 수상하며 시리즈 B 투자 유치를 성공시키는 등 꾸준한 성과를 창출하며 국내외에서 그 기술력을 인정받고 있습니다.

스튜디오 갈릴레이는 수요응답형 교통서비스(DRT)를 개발·운영하는 기업으로, 자율주행 차량 운영을 위한 최적화 솔루션을 제공하고 있습니다. 2024년 '국토교통기술대전'에서 국토교통부 장관 표창을 수상했으며, 중소벤처기업부의 '포스트 팁스(Post-TIPS)'에도 선정되는 성과를 거둔 바 있습니다.

2021년 팁스에 선정된 기업들을 분야별로 분석하면, 먼저 대체육 및 친환경 식품 시장의 성장이 눈에 띕니다. 이 분야에서는 기술 기반의 식품 혁신 기업들이 주목받았습니다. 예를 들어, 식물 추출물을 기반으로 식물성 대체육을 생산하는 기술을 개발한 '에스와이솔루션', 국내산 버섯을 활용한 균류 대체육 제품 기술을 선보인 '위미트' 등 대체육 및 지속가능 식품 시장이 확대되었습니다. 또한 푸드테크를 활용한 혁신적 단백질 공급원을 연구하는 기업들이 새로운 시장 트렌드를 형성했습니다.

스마트 모빌리티 및 자율주행 최적화 기술 분야도 본격적인 성장기를 맞이하면서 자율주행 로봇, 자동 차량 배차, 도로 안전 관련 기업들이 팁스에 선정되었습니다. '알지티', '위밋모빌리티', '스튜디오 갈릴레이', '다리소프트' 등은 무인 배송 및 로봇 서비스에 필요한 자율주행 기술 개발, 인공지능(AI) 기반 차량 배차 최적화 알고리즘, 대중교통 및 공유 모빌리티의 최적 연계 기술, 도로 위 위험 요소를 실시간으로 감지하는 AI 기술 등을 보유한 기업들입니다. 이들의 팁스 선정을 통해 자율주행 및 모빌리티 최적화 기술이 본격적으로 확산되고 있음을 확인할 수 있습니다.

머신 비전(machine vision) 및 컴퓨터 비전 기술의 발전도 주목할 만합니다. 산업용 자동화와 비전 인식 기술의 발전 속에서 3D 카메라, 머신 비전, 자동화 솔루션 기업들이 다수 팁스에 선정되었습니다. 특히 '맥파이테크', '아고스비전', '키브' 등은 산업 현장의 자동화 및 품질 검사를 위한 머신 비전 기술, 3D 카메라 기술과 초광각 비전을 통한 정밀 분석 솔루션을 선보이며 기술 확장성을 입증했습니다.

핀테크 및 디지털 투자 혁신 분야에서는 디지털 자산과 조각투자가 새로운 투자 트렌드로 떠오르며 관련 기업들이 팁스에 선정되었습니다. '바이셀스탠다드', '오픈플랜'과 같은 기업들이 조각투자 및 디지털 자산 거래 플랫폼의 활성화를 주

주요 분야	기업 사례	핵심 특징
푸드테크 및 대체식품	에스와이솔루션, 위미트	식물성 대체육 및 버섯 단백질 제품
스마트 모빌리티 및 자율주행	알지티, 위밋모빌리티, 스튜디오갈릴레이, 다리소프트	자율주행 로봇, 스마트 배차, 도로 안전 AI
머신 비전 및 컴퓨터 비전	맥파이테크, 아고스비전, 키브	초광각 3D 카메라, 머신 비전 검사
핀테크 및 디지털 자산 투자	바이셀스탠다드, 오픈플랜	조각 투자 플랫폼, 온디맨드 보험
O2O 및 엔터테크	리퀴드네이션, 케이에스앤픽, 앰프	O2O 헤어 서비스, 글로벌 오디션 플랫폼, K-POP 굿즈 거래
헬스케어 및 바이오	마이브레인, 에이아이바, 오몰래	AI MRI, 스마트 신체 측정, 근력 데이터 분석

2021년 팁스 선정 주요 기업들의 특징 정리

도하며, 온디맨드 금융 및 개인 맞춤형 보험 서비스 시장이 확대되고 있음을 알 수 있습니다.

O2O(Online to Offline) 및 엔터테크(entertainment tech) 분야에서도 혁신적 기업들이 팁스에 선정되었습니다. '리퀴드네이션', '케이에스앤픽', '앰프' 등은 O2O 기반 개인 맞춤형 서비스의 성장 가능성을 보여주었으며, K-POP을 비롯한 엔터테인먼트 테크 기업들이 글로벌 시장으로 확장하는 흐름도 나타났습니다.

헬스케어 및 바이오 혁신 분야에서는 정밀 의료 및 헬스케어 솔루션 기술의 고도화가 두드러졌습니다. 신체 측정 기술, 근력 데이터 분석, AI를 활용한 MRI 영상 분석 기술을 보유한 기업들이 팁스에 선정되었는데요. **'마이브레인', '에이아이바',** **'오몰래'** 등 AI 기술을 활용한 정밀 의료 및 헬스케어 기업들의 확대는, 향후 신체 데이터 기반 개인 맞춤형 헬스케어 시장의 성장을 예측케 하는 사례였습니다.

2021년 팁스 선정 기업들의 주요 특징은 스마트 모빌리티 및 자율주행 기술의 강화, 그리고 머신 비전 및 컴퓨터 비전 기술의 현저한 발전이라 할 수 있습니다. 이 시기는 스마트 모빌리티, AI 비전 기술, 헬스케어가 급격히 성장한 시기로, 이러한 트렌드는 현재까지도 이어지고 있습니다.

5장.

2022년 팁스 매칭 기업 사례와 성공전략

2022년 한 해 동안 저희 회사가 투자한 스타트업 수는 100개를 넘어섰습니다. 총 104개 스타트업에 152억 원 규모의 투자가 집행되었으며, 그중 36개 기업이 팁스(TIPS)에 선정되었습니다. 선정된 기업의 리스트와 주요 분야를 함께 살펴보겠습니다.

2022년 팁스 선정 기업 (36개)

- 레디포스트 (부동산 전자의결 서비스)
- 산군 (건설 조달, 영업을 위한 솔루션)
- 다겸 (다중센서 통합형 로봇 AI 관리 시스템)
- 바딧 (송아지 질병조기 발견 및 정밀 사육 솔루션)
- 컬러버랩 (퍼스널 컬러를 활용한 개인 맞춤형 뷰티 플랫폼)
- 헬퍼로보틱스 (매장 맞춤형 서빙 로봇 다중 제어 관제시스템, AGV소형화 기술)
- 넥스트케이 (지능형 영상분석 플랫폼)
- 이미지블 (콘텐츠 제작을 위한 관리, 협업 SaaS 서비스)

- 넷스트림 (웹기반 메타버스 갤러리 플랫폼)

- 레이모웍스 (보험영역에 최적화된 보험 고객관리 솔루션)

- 이씨지 (튜닝 시공, 차량용품, 커뮤니티 플랫폼)

- 쿠돈 (모바일 중고 명품 플랫폼)

- 스칼라데이터 (전기차 충전 서비스 플랫폼)

- 씨에이플래닛 (빠른 속도의 CAE 자동전처리 소프트웨어 기술 솔루션)

- 에이엠알랩스 (자율주행 물류 운송 로봇)

- 소프엔티 (나노기술 기반 메디컬 소재와 의료용 제품 제조)

- 원스글로벌 (글로벌 의약품 정보 제공 플랫폼)

- 매크로액트 (로봇 자율제어 솔루션 및 소셜 로봇)

- 셀버스 (비대면 무인서비스 통합 플랫폼)

- 인절미 (아동청소년 AI 비만 해결 모바일 게임)

- 타르트 (투자상품 메타 검색 서비스)

- 오아시스비즈니스 (AI 상권분석 상업시설 매출 예측 알고리즘, 적정 분양가 산출)

- 프레임웍스 (디스플레이 패널 초정밀 솔루션)

- 알앤원 (아웃도어 여행 커머스 플랫폼)

- 테크빌리지 (뇌질환 환자 인지 기능 회복과 고령자 장애 예방 VR 게임)

- 별따러가자 (모빌리티 안전 솔루션)

- 니나노컴퍼니 (전산 유동 해석 기술 기반 드론 설계 및 개발)

- 에스오씨 (무인 사진 인화 서비스)

- 프런트9 (초개인화 컨시어지 배송 솔루션)

- 제너바이오 (반려동물 질병 예측 키트)

- 시안솔루션 (의료영상기반 환자 맞춤형 3D 프린팅 의료기기

설계 및 제작솔루션)

- 피큐레잇 (북마크를 활용한 AI 기반 콘텐츠 자동 분류 및 추천 서비스)
- 포체인스 (동형 암호 분석 플랫폼)
- 프릿지크루 (반려동물 매장용 고객 관리 프로그램)
- 한국수산기술연구원 (육상 기반 스마트양식장, 스마트 아쿠아팜 서비스)
- 아치서울 (유휴공간 활용, 온오프라인 광고 커머스)

2022년에 팁스 선정된 기업들은 스마트 로봇, 자율 주행 기술, 헬스케어 및 바이오 기술, AI 기반 상권 분석과 부동산 혁신, 반려동물 헬스케어, 메타버스 및 콘텐츠 솔루션, 친환경 스마트 모빌리티 및 물류, 핀테크 및 보안 기술, 스마트 제조 및 디지털 전환 등 다양한 산업 분야에서 혁신을 주도하는 기업들이었습니다.

대표적인 사례로, **프릿지크루**는 반려동물 매장 전용 고객 관리 프로그램을 통해 펫데이터를 수집하고 이를 바탕으로 반려동물 보호자에게 생애 주기별 맞춤형 정보와 제품을 추천하는 서비스를 제공하고 있습니다. 특히 반려동물 미용, 유치원, 호텔, 식품 및 의류업체 등에 고객 관리 프로그램을 공급하면서 성장하고 있으며, 카카오벤처스와 윤민투자창의재단 등으로부터 추가 투자를 유치하기도 했습니다.

에이엠알랩스는 자율주행 기술 기반의 운송 로봇과 딥러닝 알고리즘을 활용한 객체 인식 소프트웨어를 개발하고 있습니다. 특히 주력 사업인 물류 자동화와 연계한 AMR(자율이동로봇, Autonomous Mobile Robot) 및 관련 솔루션을 집중적으로 개발하며, 스마트 물류 자동화 환경에 최적화된 자율주행 운송 시스템을 구축 중입니다. 또한 이 기업은 딥러닝 기반의 SLAM(동시 위치추정 및 지도 작성) 기술과 강화학습 기반의 로봇 팔 제어 기술에 대한 특허 3건을 출원하였고, 경기도경제과학진흥원의 창업지원사업과 팁스 사업을 통해 AMR 기반 물류 오더 피킹 로봇 및 서비스 구축을 위한 연구개발을 진행하기도 했습니다.

한국수산기술연구원은 스마트 아쿠아팜 기술을 개발하는 기업입니다. 새우 양식장에서 수질 정화와 사료 공급 예측을 통한 생산성 향상 솔루션을 개발하여, 스마트 양식장을 운영하고 있습니다. 이를 바탕으로 새우의 생산과 유통, 판매 등 B2B 및 B2C 비즈니스를 전개하고 있으며, 전국 마트의 유통 채널을 통해 소비자에게 신선한 수산물을 공급하고 있습니다.

2022년 선정된 분야별 핵심 특징을 살펴보면, 먼저 자율 주행 기술이 물류, 서비스 로봇, 드론 등 다양한 영역으로 확대되면서 스마트 로봇과 자율 주행 기술 기반의 스타트업들이 팁스에 선정되었습니다. 예를 들어 다양한 센서를 통합하여 로봇의 자율성을 높이는 AI 기반 관리 시스템을 개발한 **다겸**, AI 기반의 스마트 로봇을 활용해 서빙 및 물류 자동화 솔루션을 제공하는 **헬퍼로보틱스**, 물류 자동화를 위한 자율 주행 로봇 기술을 보유한 **에이엠알랩스**, 그리고 자율 제어 및 인터랙티브 소셜 로봇 기술을 개발하는 **매크로액트** 등이 있습니다. 이와 같이 AI 기반 물류 자동화와 서빙 로봇 기술이 산업 트렌드를 지속적으로 주도하며 관련 기업들이 팁스 프로그램에 꾸준히 선정되고 있음을 확인할 수 있습니다.

프롭테크 비즈니스 또한 주목을 받았습니다. AI 기반 상권 분석과 부동산 분야에서 혁신을 이룬 기업들이 다수 등장했는데요. 부동산 전자 의결 솔루션을 제공하는 **레디포스트**, AI를 통해 적정 분양가를 산정하고 매출을 예측하는 **오아시스비즈니스**, 건설 프로젝트 관리와 효율적 조달을 지원하는 AI 기반 플랫폼 등이 대표적입니다. 이를 통해 부동산 및 상권 분석 분야에서 AI 기반 데이터화 기술이 각광받고 있으며, 건설 및 부동산 계약의 자동화와 디지털 전환이 더욱 가속화되고 있음을 알 수 있습니다.

반려동물 관련 헬스케어 및 서비스 산업이 성장하면서, 이 분야에서도 팁스 선정 기업들이 다수 나타났습니다. 반려동물 시장이 확대됨에 따라 반려동물의 건강 관리에 AI 기술을 적용한 서비스들이 증가하고, 반려동물 매장을 위한 디지털 서비스 및 관리 시스템도 활발하게 개발되었습니다. 반려동물 질병 예방 키트를 개발한 **제너바이오**와 반려동물 매장용 고객 관리 프로그램을 선보인 **프릿지크루**가 대표적인 사례입니다.

또한 메타버스 및 콘텐츠 관리 솔루션 시장이 확장되면서 3D 환경 및 AI 기반 콘텐츠 관리 플랫폼 관련 기업들도 팁스에 선정되었습니다. 메타버스 환경에서 가상 전시회나 갤러리 운영 플랫폼을 제공하는 **넷스트림**, 크리에이터 및 미디어 제작자를 위한 관리 솔루션을 운영하는 **이미지블**, AI 기반 콘텐츠 자동 정리 및 추천 솔루션을 개발한 **피큐레잇** 등이 그 예입니다. 이를 통해 콘텐츠 제작 및 관리 분야에서 AI 자동화 기술이 발전하고 있으며, 메타버스 기반의 콘텐츠 소비와 가상 공간 활용이 시장의 주목을 받고 있음을 알 수 있습니다.

주요 분야	기업 사례	핵심 특징
스마트 로봇 및 자율주행	다겸, 헬퍼로보틱스, 에이엠알랩스, 매크로액트	AI 기반 로봇 관리 및 자율주행 기술
헬스케어 및 바이오	소프엔티, 원스글로벌, 제너바이오, 시안솔루션	나노 메디컬 기술, 정밀 의료 및 반려동물 헬스케어
AI 기반 상권 분석 및 부동산 혁신	레디포스트, 오아시스비즈니스, 산군	AI 기반 상권 분석 및 부동산 디지털화
반려동물 시장 확대	제너바이오, 프릿지크루	반려동물 헬스케어 및 매장 관리 솔루션
메타버스 및 콘텐츠 기술	넷스트림, 이미지블, 피큐레잇	메타버스 환경 및 AI 기반 콘텐츠 관리
스마트 모빌리티 및 물류	별따러가자, 니나노컴퍼니, 프런트9	모빌리티 안전 및 자율주행 드론 기술

2022년 팁스 선정 주요 기업들의 특징 정리

스마트 모빌리티 및 물류 최적화 기술이 발전함에 따라 배송 최적화 및 안전 솔루션을 제공하는 기업들도 등장했습니다. AI를 활용한 스마트 모빌리티 안전 관리 솔루션을 선보인 **별따러가자**, 전산 유체 역학을 이용한 드론 최적화 설계 기술을 개발한 **니나노컴퍼니**, 개인 맞춤형 컨시어지 배송과 물류 최적화 시스템을 제공하는 **프런트9** 등이 대표적입니다. 이는 AI 기반 모빌리티 및 물류 최적화 솔루션과 물류 및 드론 배송 기술 발전이 핵심 트렌드로 부상했음을 보여줍니다.

2022년은 반려동물 관련 서비스 및 헬스케어 시장이 급성장한 해로, AI 기술 기반의 반려동물 커머스 및 B2B 관리 솔루션 기업들이 특히 주목받았습니다. 반려동물 시장은 앞으로 더욱 확대될 것으로 전망됩니다. 아울러 AI 기반 콘텐츠 관리 솔루션이 예술과 미디어 분야에서도 더욱 확산되고 있음을 확인할 수 있었습니다.

6장

2023년 팁스 매칭 기업 사례와 성공전략

2023년 한 해 동안 저희 회사는 총 78개 스타트업에 120억 원 규모의 투자를 진행했고, 그중 51개 기업에 팁스(TIPS) 매칭을 성사시켰습니다. 투자 기업 중 약 65%가 팁스 매칭으로 이어진 것입니다.

2023년부터 저희 회사는 스타트업들이 투자를 통해 빠르게 성장할 수 있도록, 팁스 선정 가능성이 높은 기술력과 경쟁력을 갖춘 기업을 적극적으로 발굴하고 투자하는 전략을 추진해 왔습니다. 또한 팁스 매칭까지 주도적으로 이끌어 가고 있습니다. 이러한 전략을 통해 스타트업은 초기 시드 투자와 함께 정부의 R&D 자금을 확보하여 핵심 기술을 더욱 고도화할 수 있는 기회를 얻게 됩니다.

다음은 2023년에 팁스 매칭을 성공적으로 이룬 주요 기업들입니다.

2023년 팁스 선정 기업 (51개)

– 마이띵스 (스마트팜 플랫폼)

- 밀크코퍼레이션 (육아 커머스 플랫폼)
- 에어딥 (AI 기반 공기질 관리제어 서비스)
- 팀피에이치세븐 (스마트 그룹 운동)
- 폼즈 (마케팅 콘텐츠 제작 서비스)
- 라이크낫 (개인화 속옷 쇼핑 솔루션)
- 마크앤사이먼 (운동 코디네이팅 플랫폼)
- 비지트 (위치기반 360 VR 관광 콘텐츠 서비스)
- 차오르다 (온라인 인터랙티브 교육서비스)
- 키베이직 (반려동물 치매진단 솔루션)오이
- 페어립에듀 (VR 교육 서비스 및 실감 콘텐츠)
- 오이스텍 (굴패각 폐기물을 업사이클링한 불신폐수 처리제)
- 와이리 (여행 인플루언서 플랫폼)
- 바틀 (정기구독형 골프레슨 커뮤니티 플랫폼)
- 세븐포인트원 (치매 사전 진단 AI 솔루션)
- 바오밥헬스케어 (3D 바이오 프린팅 기술 기반 배양 생선)
- 시에라베이스 (인공지능, 드론 활용 기반 무인시설 점검 시스템)
- 어센트스포츠 (스포츠 뉴트리션 솔루션, 프로틴 제품 제조 판매)
- 유니유니 (사각지대 없는 안심 스마트 화장실 서비스)
- 딥플랜트 (육류 딥에이징 기술 및 데이터 분석 시스템)
- 모쓰 (탄소 복합재 프로펠러 설계 및 제조)
- 우주펫 (로컬 기반 반려인 펫시티 플랫폼)
- 위젯누리 (무인화 기기 장애 대응 원스톱 기술 지원 플랫폼)
- 코스모비 (인공위성간 문제를 해결하기 위한 위성용 전기추진 시스템)

- 링크업 (굿샵) (O2O 주류 유통 플랫폼)
- 아스타 (브랜드 감성 마케팅 전략 및 콘텐츠 생성 AI)
- 오렌지풋볼네트워크 (글로벌 스포츠 교육 콘텐츠 플랫폼)
- 나누 (일회용 플라스틱 대체 친환경 펄프 몰드)
- 업루트컴퍼니 (블록체인, AI 기반 디지털 자산 적립식 투자 솔루션)
- 큐빅 (합성 데이터 생성, 거래, 분석, 결합 플랫폼)
- 키우소 (한우 젖소 농가 정보 공유 서비스)
- 더감 (EV 주행 중 발생하는 전기파를 응용한 에너지 효율화 시스템)
- 데브언리밋 (크리에이터의 댄스 영상으로 게임을 만드는 소셜 플랫폼)
- 데이오프컴퍼니 (고감도 콘텐츠 큐레이션 기반 여행 미디어 커머스)
- 로맨시브 (더 빨리, 더 깊게 잠들 수 있도록 도와주는 코자 COZA 음료 개발)
- 빌리오 (크리에이터를 위한 공간 예약과 커뮤니티)
- 플레져 (테니스 레슨부터 코트 예약서비스)
- 엔코위더스 (외국인 공유주택 및 커뮤니티 서비스)
- 스쿼드엑스 (쇼퍼블 미디어 커머스 통합 SaaS 솔루션)
- 그린리본 (미청구 보험 혁신 플랫폼)
- 로웨인 (로봇 수직농장 시스템)
- 아트라미 (예술 상품 커머스 플랫폼)
- 온잇코리아 (스마트 온디맨드 화물 운송 플랫폼)
- 지에스에프시스템 (환경과 건강을 생각하는 도심형 스마트팜)
- 넥스트그라운드 (부동산 실거래 리뷰 제공 서비스)

- 뉴잇 (반려동물 1:1 영양맞춤 식사관리 솔루션)
- 타이거닉스 (다초점 인공 수정체, 다초점 콘택트 렌즈, 다시점 스크린 개발)
- 휴밀 (비건 밀크 파우더 제조)
- 트윈나노 (소농을 위한 스마트팜 모듈형 재배 시스템)
- 엑스큐브 (시스템 반도체 3D TSV 적층 패키지)
- 딥스마텍 (차세대 고분자 공간 증착 기술)

2023년 팁스에 선정된 기업들은 스마트팜 및 지속 가능한 농업, 헬스케어 및 바이오 혁신, 친환경 및 탄소 저감 기술, AI 및 블록체인 기반 핀테크, 크리에이터 및 콘텐츠 플랫폼, 스마트 모빌리티 및 자율주행, 스포츠 및 웰니스 산업 혁신 등의 다양한 분야에서 강한 존재감을 드러냈습니다.

마이띵스는 클라우드 기반의 자동 환경 제어 플랫폼을 통해 언제 어디서나 쉽고 간편하게 농장을 관리할 수 있는 서비스를 제공하고 있습니다. 특히 버섯 균사체 배양에 특화된 AIoT 시스템을 개발하여 바이오 가죽 제품을 생산하고 있으며, 이는 동물성 합성 가죽을 대체하는 친환경 제품으로 시장의 주목을 받고 있습니다. 그 결과 씨엔티테크는 초기 시드투자에 이어 후속 투자도 단행했으며, 마이띵스는 추가적으로 다른 기관들로부터 총 25억 원의 투자를 유치하는 성과를 거뒀습니다.

딥플랜트는 수압, 초음파, 온도를 혼합하여 육류를 물리적으로 숙성시키는 '딥에이징(Deep Aging)' 시스템을 개발한 기업입니다. 기존 육류 숙성 방식보다 약 2배 빠른 시간으로 숙성이 가능하면서도 육류의 연도를 더욱 높여, 육류 가공업체와 레스토랑을 중심으로 지속적인 판매 성장을 이루고 있습니다. 팁스 선정 이후에는 글로벌 무대에서도 인정받아 싱가포르 스위치 슬링샷(Switch Slingshot) Top 50에 이름을 올렸습니다.

아트라미는 시각 분야의 독립 아티스트들이 창작 활동에만 집중하면서도 작품 홍보와 수익 창출을 손쉽게 할 수 있도록 지원하는 커머스 기반 플랫폼을 운영하고 있습니다. 작가들의 작품을 활용해 쿠션, 담요, 포스터 등 다양한 상품을 제작·판매하며, 빅데이터 및 AI 기술을 기반으로 고객의 취향에 맞춘 예술 상품 추천 기능도 제공하고 있습니다. 이 기업은 B2B와 B2C 채널을 동시에 활용하여 홈퍼니싱 및 홈인테리어 분야에서 빠르게 성장하며 두각을 나타내고 있습니다.

오이스텍은 버려지는 굴 패각을 활용해 철강용 탈지제, 불소 폐수 처리제, 표면 강화제 등 다양한 산업용 화학제품을 개발하는 기업입니다. 친환경 소재를 기반으로 반도체, 디스플레이, 자동차 부품 제조 업체 등을 주요 거래처로 사업을 영위하고 있습니다. 2021년에는 해양수산부 주관 창업 콘텐츠 사업화 부문에서 최우수상과 해양수산부 장관상을 수상했으며, 최근에는 시리즈 A 단계에서 총 50억 원의 투자를 유치하는 등 시장의 높은 평가를 받고 있습니다.

딥스마텍은 초박막 나노 증착 기술을 기반으로 발수, 친수, 항바이러스, 생체감응 등 다양한 기능성 소재를 여러 분야에 적용할 수 있는 새로운 개념의 고분자 건식 나노코팅 기술을 개발하고 있습니다. 이 기술력을 바탕으로 한화솔루션, LG에너지솔루션, 다수의 연구기관 등에 제품과 솔루션을 공급하고 있습니다. 특히 2023년에는 신한 스퀘어브릿지에서 대상을 수상했고, 2024년에는 LG에너지솔루션이 주최한 배터리 챌린지의 '차세대 배터리 기술 부문' 글로벌 유망 스타트업으로 선정되며 지속적으로 기술력을 인정받고 있습니다.

주요 분야	기업 사례	핵심 특징
스마트팜 및 지속가능한 농업	마이띵스, 지에스에프시스템, 트윈나노	스마트팜 및 도시형 농업 최적화
헬스케어 및 바이오	바오밥헬스케어, 세븐포인트원, 뉴잇, 키베이직	AI 기반 치매 및 반려동물 건강 솔루션
친환경 및 탄소저감 기술	나누, 딥플랜트, 더감	친환경 소재 및 에너지 효율 최적화
AI 및 핀테크 혁신	업루트컴퍼니, 큐빅, 그린리본	AI 기반 금융 및 투자 최적화
크리에이터 및 콘텐츠 플랫폼	데브언리밋, 빌리오, 아스타	크리에이터 및 콘텐츠 자동화 플랫폼
스마트 모빌리티 및 자율주행	시에라베이스, 링크업, 온잇코리아	물류 및 주류 유통 최적화

2023년 팁스 선정 주요 기업들의 특징 정리

2023년 팁스에 선정된 기업들의 주요 분야별 특징을 살펴보면, 기후 변화와 식량 위기 대응을 위한 스마트팜 및 지속 가능한 농업 혁신 기술 기업들이 특히 강세를 보였습니다. 스마트팜 플랫폼을 통해 농업 자동화 및 데이터 기반 농업 최적화 솔루션을 제공하는 **마이띵스**, 도시 내 친환경 농업 구현 기술을 선보인 **지에스에프시스템**, 소규모 농장에 특화된 자동화 및 최적화 스마트팜 기술을 개발하는 **트윈나노**의 사례는 지속 가능한 농업 및 도심형 스마트팜 트렌드가 두드러지고 있음을 나타냅니다. 특히 데이터 기반의 농업 최적화 및 자동화 기술의 발전이 2023년 팁스 선정의 주요 관건으로 작용했습니다.

정밀 의료 및 바이오 프린팅, 그리고 반려동물 헬스케어 시장 역시 빠르게 성장하면서 AI 기반 헬스케어 솔루션 기업들도 대거 선정되었습니다. 3D 바이오 프린팅 기술을 활용하여 생선을 배양하는 **바오밥헬스케어**, 고령화 사회를 대비해 조기 치매 진단 AI 솔루션을 제공하는 **세븐포인트원**, 반려동물 건강 데이터를 활용한 인공지능 기반 치매 진단 솔루션 기업 **키베이직**, 반려동물 개개인의 건강 상태를 고려한 맞춤형 영양 솔루션을 선보이는 **뉴잇** 등은 정밀 의료, 바이오 및 반려동물 헬스케어 시장이 함께 성장하는 트렌드를 보여주는 사례입니다.

탄소 배출 저감 및 지속 가능한 기술 혁신의 중요성이 부각되면서 친환경 소재 및 에너지 효율 솔루션 분야 기업들 역시 주목을 받았습니다. 플라스틱을 대체할 친환경 패키징 솔루션을 제시한 **나누**, 축산물의 저장성과 품질을 높이는 육류 딥에이징 기술 기업 **딥플랜트**, 전기차(EV) 주행 중 발생하는 전기파를 활용하여 에너지 효율화 기술을 개발하는 **더감**의 사례를 통해, 친환경 패키징 기술의 발전 및 전기차 에너지 효율 최적화 기술의 성장 가능성을 확인할 수 있었습니다.

디지털 금융 혁신이 본격화되며 AI 및 블록체인 기반 핀테크 기술 기업들도 팁스에 선정되었습니다. AI를 활용한 자산 투자 최적화 및 블록체인 기반 투자 솔루션을 제공하는 **업루트컴퍼니**, 데이터 프라이버시 보호 및 데이터 공유 솔루션을 제공하는 **큐빅**, 기존 보험 시장 내 미청구 데이터를 분석해 개인 맞춤형 보험 상품을 추천하는 **그린리본** 등의 사례를 통해, AI와 블록체인 기술 기반의 금융 자동화 및 데이터 기반 개인 맞춤형 핀테크 서비스가 확산되고 있음을 알 수 있습니다.

크리에이터 및 디지털 콘텐츠 시장이 빠르게 성장함에 따라, 크리에이터를 지원하는 플랫폼 및 커머스 솔루션 기업들이 팁스 기업으로 선정되었습니다. 댄스와 소셜 게임을 결합한 차세대 콘텐츠 플랫폼 **데브언리밋**, 크리에이터를 위한 촬영 및 이벤트 공간 예약 서비스를 제공하는 **빌리오**, AI를 활용한 감성 콘텐츠 제작 및 브랜드 마케팅 자동화 솔루션을 제공하는 **아스타** 등의 사례는 크리에이터 지원 플랫폼의 다양성과 브랜드 마케팅 분야에서 AI 기반 자동화 기술이 점차 확대되고 있음을 보여줍니다.

마지막으로 자율 주행 및 스마트 물류 기술의 성장 속에 모빌리티 및 물류 자동화를 추구하는 스타트업들 역시 팁스 기업으로 선정되었습니다. 드론과 AI를 활용해 인프라 시설 점검 자동화 솔루션을 개발한 **시에라베이스**, 온라인과 오프라인을 연결하는 스마트 유통 서비스 **링크업**, 물류 최적화 및 온디맨드 배송 시스템을 구축하는 **온잇코리아**의 사례에서 볼 수 있듯이 스마트 물류 및 자율 주행 기술 또한 여전히 강력한 주목을 받고 있습니다.

팁스 준비 TIP 06.

2023년에는 지속 가능한 농업 및 스마트팜 기술이 크게 주목받았으며, 친환경 및 탄소 저감 기술 역시 점점 더 정교화 및 고도화되고 있습니다. 해당 분야의 기업이라면 기존의 기술을 충분히 숙지하고 한층 발전된 전략을 제시하는 것이 무엇보다 중요하겠습니다.

7장

2024년 팁스 매칭 기업 사례와 성공전략

2024년 우리 회사는 **총 117개 창업기업에 215억 원을 투자했습**니다. 이는 2023년 120억 원의 투자금액과 비교했을 때 약 2배 가까운 규모입니다. 또한 **팁스 매칭 기업 수도 전년도의 51개사에서 79개사로, 28개사가 증가**했습니다. 투자 대비 팁스 매칭 비율 역시 117개 투자기업 중 79개사가 팁스 프로그램에 매칭되면서, 67.5%라는 높은 매칭률을 달성했습니다. 이제부터 2024년 팁스 매칭 기업의 구체적인 사례와 성공 전략을 살펴보겠습니다.

2024년 팁스 선정 기업 (79개)
- 브레인벤쳐스 (멀티모달 AI 웹툰 현지화 SaaS 모델)
- 원에이티 (생분해 촉진제를 활용한 빠른 생분해가 일어나는 폴리에스터 원단)
- 프로덕션 고금 (음원 음반 유통 플랫폼, 음원 저작인접권 투자 플랫폼)
- 머니가드서비스 (모바일 차용증, 맞춤형 채권 관리 서비스)

- 콜론30 (리워드 보상 미술품 거래 오픈 플랫폼)
- 애즈플로우 (스타트업 투자와 협업 과정 통합 업무 데이터 관리 플랫폼)
- 비엠코스 (보령머드를 주원료로 사용하는 더마 머드 코스메틱 브랜드)
- 슬런치팩토리 (순두부 부산물과 국내산 농산물을 이용한 다양한 비건 HMR 제품)
- 포데이웍스 (AI 캠핑 스타일링 및 캠핑 정보 제공 서비스)
- 새흐름 (K-POP 커버 댄스팀의 동선 연습을 더 쉽게 돕는 서비스)
- 수집 (생성형 AI 기반 글로벌 K-POP, K-뷰티 커머스 플랫폼)
- 와이드유즈 (중소 유통, 물류 맞춤형 스마트 토탈 물류 관리 솔루션)
- 터빈크루 (태양광 패널이 설치된 폴에 스마트 기술을 통합한 스마트폴)
- 달라라네트워크 (글로벌 K-POP 스타육성 플랫폼)
- 루나르트 (쇼츠 BGM 협업 서비스 플플, 디지털 음원 유통 솔루션)
- 슈퍼웍스컴퍼니 (재고 부담 없는 브랜드 창업 플랫폼)
- 팜킷 (식품 쇼핑몰 매출 상승을 위한 필수 AI 개인화 솔루션)
- 미타운 (3D 상품페이지 제작 솔루션)
- 베어러블 (사용자 맞춤형 AI 입시 컨설턴트)
- 일럭서 (인공지능 기반 데이터 분석 자동화 솔루션)
- 슬로크 (크로스보더 이커머스 종합 패션뷰티 중개 플랫폼)
- 팀펄 (XR 기술 기반 온오프라인을 연계하는 브랜딩 솔루션)
- 스위트앤데이터 (IP 기반 휴먼 AI트윈 솔루션)

- 이오스튜디오 (스타트업 및 비즈니스 분야 미디어 콘텐츠 스타트업)
- 그레인뱅크 (고객 라이프스타일 맞춤 곡물 추천 AI 서비스)
- 애니이츠월드 (무인 식품 판매 플랫폼)
- 이엑스헬스케어 (근손실 방지크림 개발 헬스케어 솔루션)
- 헬로마이펫 (반려동물 헬스케어 브랜드)
- 칼라빈카엔터테인먼트 (AI 댄스 코칭과 IP 서비스를 제공하는 글로벌 댄스 플랫폼)
- 엑스플라이어 (클라우드 기반 매장 미디어 광고 플랫폼)
- 밀레니얼웍스 (AI 포토 및 영상 부스)
- 더바이오 (공기 정화 기능성 휴먼 센트릭 LED 조명)
- 선진알씨에스 (중고층 전용 건설용 클라이밍 시스템)
- 마리나체인 (해운업 탄소 배출 관리 솔루션)
- 카미랩 (반려동물 심리검사 기반 온라인 양육 솔루션)
- 디컴포지션 (미세 플라스틱 검출 키트, 위생용품, 미생물 제제)
- 딱플 (AI 기반 생활 스포츠 시설 예약 관리 플랫폼)
- 리모 (소규모 운동 센터를 위한 고객 맞춤 AI 체형 분석 및 신체 기능 평가기기)
- 예스퓨처 (국내 외국인 체류자를 위한 개인화 AI 비자 관리 서비스)
- 위이 (빅데이터 기반 소셜 놀거리 원스톱 플랫폼)
- 원라인에이아이 (금융사 초개인화 콘텐츠 생성 솔루션)
- 바크 (인체공학적 리커버리 슬리퍼)
- 테라파이 (임차인 대상 부동산 정보제공 서비스)
- 노매드헐 (글로벌 여성 여행자를 위한 커뮤니티앱)
- 엔모션 (차량 주행 특성 분석 플랫폼)

- 펀치랩 (수험생 맞춤 학습 교육 서비스)
- 이지시크 (실시간 쉐도잉 스윙 교정 골프레슨 플랫폼)
- 펠로톤 (고객 요구사항을 모니터링, 관리할 수 있는 SaaS 기반 VOC)
- 큐클릭 (치과 기공의뢰서 자동 데이터 관리 솔루션)
- 마스앤비너스 (남성 탈모 전용 비대면 진료 플랫폼)
- 투비유니콘 (수험생의 학업 상담 및 생활 기록부 관리 플랫폼)
- 인덱스핑거 (하이퍼로컬 커뮤니티 기반 아르바이트 채용 솔루션)
- 아이씨유코퍼레이션 (소아 사시 비수술적 디지털 치료제 및 정밀 진단 서비스)
- 프랜킷 (초기 프랜차이즈를 위한 구매 물류 관리 원스탑 솔루션)
- 아웃스탠더스 (예비대학원생과 현직 대학원생을 위한 웹앱 플랫폼)
- 택티컬리스트 (스포츠 사격 교육장 운영 및 사격 용품 판매)
- 퓨룸 (친환경 라돈 차폐 올인원 코팅도료)
- 인텔리즈 (제조산업용 인공지능 머신 비전 솔루션)
- 그랜마찬 (식단관리 간편식과 프리미엄 간편식 HMR)
- 핑퐁 (위치 기반 리워드형 술래잡기 게임 서비스)
- 홈나이 (베트남, 동남아에서 K-리빙을 선도하는 리빙 라이프 플랫폼)
- 십일리터 (반려동물 슬개골, 치주질환 등 건강체크 솔루션)
- 위아프렌즈 (AI를 활용한 온라인 세계여행 플랫폼)
- 자버 (마이데이터 기반 문서관리 서비스)
- 에스와이엠헬스케어 (SaaS 기반 AI 근골격계 통합 건강관리

플랫폼)

- 위데이터랩 (IT 시스템 모니터링 솔루션)

- 풋츠컴퍼니 (반려식물 브랜드)

- 르뮤제 (글로벌 아트 플랫폼)

- 팀리부뜨 (무역 업무 AI 자동화 솔루션)

- 스텔라뮤직 (생성 AI 기반 글로벌 뮤직 라이선스 애그리게이터)

- 아이케미스트 (비전 AI 모델 학습 고도화 지원 및 합성데이터 생성 SaaS)

- 위베어소프트 (클라우드 기반 API 중개 및 통합 관리 솔루션)

- 심투리얼 (AI 합성 데이터 솔루션)

- 로커스코리아 (소형 유통사와 소형 물류사 매칭 플랫폼)

- 지엘아이엔에스 (지능형 농업기계 솔루션)

- 바이오링크스 (세포기반 동물대체 시험 평가 플랫폼)

- 크레플 (설비 점검 자동화 솔루션)

- 매스어답션 (디지털 개런티 발급 관리 서비스)

- 바이언스 (대용량 바이오 메디컬 영상 AI 시각 분석 플랫폼)

2024년 팁스에 선정된 기업들은 AI 기반 콘텐츠 및 커머스 혁신, 친환경과 지속 가능한 기술, 핀테크 및 금융 자동화, 스마트 모빌리티 및 물류 혁신, 헬스케어 및 바이오테크, 스포츠·웰니스 테크, 크로스보더 이커머스 및 플랫폼 비즈니스 분야에서 강력한 성장세를 보였습니다.

프로덕션 고금은 원스톱 음원·음반 유통 플랫폼인 '사운드 프레스'와 아이돌 및 뮤지션 음원에 투자하고 일정 수익을 얻는 수익형 도네이션 음원 투자 플랫폼 '사운드 파우치'를 운영하고 있습니다. 이 기업은 음원의 정기 구독 방식 및 거래 시스템에 관한 특허를 출원했으며, 2024년 경기콘텐츠진흥원의 콘텐츠 기업 스케일업 지원 프로그램 우수 기업, 2023년 문화체육관광부 예술기업 글로벌 도약 지원 사업 우수 기업에 선정된 바 있습니다.

비엠코스는 충남 보령의 머드를 주원료로 하는 더마 머드 코스메틱 브랜드를 운영하며, 해양수산 창업 콘테스트에서 사업화 부문 최우수상을 수상했고, '글로벌 강소기업 1000+'에도 선정되었습니다. 또한 2023년에는 미국 코스트코(Costco) 본사와 벤더 계약을 체결하여 보령 머드를 글로벌 시장에 알리며 지속적인 성장을 이루고 있습니다.

십일리터는 반려동물의 슬개골, 치주 질환 등 주요 3대 질병을 사진 한 장으로 단 3분 내에 진단할 수 있는 반려동물 건강 체크 솔루션 '라이펫(Lifepet)'을 운영하는 기업입니다. 2023년부터 삼성화재, 헥토이노베이션 등과 협력해 반려동물 관련 서비스 사업을 추진하고 있으며, B2B 보험사 및 금융사를 주요 고객으로 확보했습니다. B2C 분야에서는 멤버십 월정액 서비스를 중심으로 사업을 확장하고 있습니다.

아이씨유코퍼레이션은 XR(확장현실)을 활용하여 소아 사시 환자의 비수술적 치료를 돕는 디지털 치료제를 개발하는 기업입니다. 이 기업은 XR 앱을 통해 사시를 정밀하게 진단한 뒤, 자체 시스템을 이용한 외안근 비접촉식 자극으로 치료 효과를 극대화합니다. 특히 자동으로 적정 자극량을 조정해 치료 효과를 높이는 기술로 주목받고 있으며, 스타트업 IR 온사이트 경진대회에서 경상남도지사상을 수상하고, KOTRA 로스앤젤레스가 선정한 '2024 유망 헬스케어 스타트업'에도 이름을 올렸습니다.

위베어소프트는 클라우드 기반의 API 중개 및 보안 관리, 모니터링 제품인 '오소리 APIM'을 러스트(RUST) 언어로 개발한 기업입니다. 러스트는 뛰어난 성능과 안정성 및 보안을 바탕으로 미국 백악관이 사용을 권고한 바 있으며, 전 세계 유수의 글로벌 기업들이 채택한 프로그래밍 언어입니다. 위베어소프트의 '오소리' 솔루션은 현재 기업 구축형과 플랫폼 구독형 모델을 통해 수익을 창출하고 있으며, 지난해 씨엔티테크로부터 투자 유치를 받고 팁스 매칭으로까지 이어지는 성과를 거뒀습니다.

2024년 팁스에 선정된 기업들의 핵심 특징을 살펴보면, 생성형 AI 및 데이터 분석 기술의 발전을 바탕으로 K-팝, 뷰티, 웹툰, 음악 등 콘텐츠 및 커머스 혁신을 주도하는 기업들이 다수 선정되었습니다.

AI를 활용한 자동 번역 및 웹툰 글로벌 현지화 솔루AI를 활용한 자동 번역 및 웹툰 글로벌 현지화 솔루션을 제공하는 **브레인벤처스**, K-팝 및 K-뷰티 상품의 AI 기반 큐레이션과 글로벌 유통을 지원하는 **수집**, 숏폼 영상에 최적화된 음원 유통 플랫폼 플플을 운영하는 **루나르트**, AI 기반의 자동 작곡 및 음악 라이선스 관리 플랫폼 **스텔라뮤직** 등이 대표적입니다. 이처럼 생성형 AI와 데이터 기반 콘텐츠 현지화를 통해 글로벌 시장 진출을 확대하거나 AI 음악 및 K-팝 관련 플랫폼 비즈니스로 주목받는 사례가 증가하고 있습니다.

탄소 저감과 친환경 소재, 지속 가능성 솔루션 역시 지속적으로 강세를 보였습니다. 기존 플라스틱 원단을 대체할 수 있는 친환경 섬유를 개발한 **원에이티**, 태양광 기반의 스마트 시티 인프라 구축을 선도하는 **터빈크루**, 해운업계의 탄소 배출량을 실시간으로 추적·관리하는 데이터 솔루션 기업 **마리나체인**, 환경오염 문제 해결을 위해 미세 플라스틱 검출 및 분해 기술을 보유한 **디컴포지션** 등 친환경 소재 및 지속 가능한 소비를 위한 혁신 기술들이 지속적으로 팁스에 선정되었습니다.

금융 및 법률 분야의 자동화를 통해 개인과 기업을 위한 맞춤형 솔루션을 제공하는 스타트업들도 눈길을 끌었습니다. 모바일 차용증과 맞춤형 채권 관리 서비스를 제공하는 **머니가드서비스**, AI 기반 금융 콘텐츠 자동 생성과 개인 맞춤형 서비스 제공 기업 **원라인에이아이**, 법률 및 금융 업무 자동화를 위한 디지털 인증 및 개런티 시스템을 구축한 **매스어답션** 등이 그 예입니다. 이러한 기업들은 AI를 통한 금융·법률 업무의 자동화 및 최적화를 통해 초개인화 금융서비스가 더욱 확대되는 추세를 보여주고 있습니다.

스마트 물류 및 자율 주행 기술을 기반으로 효율적인 배송과 유통 관리 솔루션을 제공하는 스타트업 역시 지속적으로 주목받았습니다. 중소 물류 및 유통 업체를 위한 물류 최적화 솔루션 기업 **와이드유즈**, 차량 데이터 분석을 통해 보험 및 차량 관리 최적화를 돕는 플랫폼 **엔모션**, 중소 물류 네트워크 최적화를 위한 스마트 물류 플랫폼 **로커스코리아** 등이 대표적입니다. 특히 AI 기반 차량 데이터 분석 기술과 중소 물류사 및 유통 업체를 위한 맞춤형 물류 솔루션의 증가가 두드러졌습니다.

디지털 헬스케어와 개인 맞춤형 바이오 솔루션 분야는 2024년에도 성장을 이어가며 팁스 선정 기업을 배출했습니

주요 분야	기업 사례	핵심 특징
AI 기반 콘텐츠 및 커머스	브레인벤쳐스, 수집, 루나르트, 스텔라뮤직	생성형 AI 기반 콘텐츠 및 커머스 혁신
친환경 및 지속가능 기술	원에이티, 터빈크루, 마리나체인, 디컴포지션	지속가능 소재 및 탄소 저감 솔루션
핀테크 및 금융 자동화	머니가드서비스, 원라인에이아이, 매스어답션	AI 기반 금융 및 법률 자동화
스마트 모빌리티 및 물류	와이드유즈, 엔모션, 로커스코리아	AI 기반 물류 및 유통 최적화
헬스케어 및 바이오	이엑스헬스케어, 헬로마이펫, 아이씨유코퍼레이션	정밀 의료 및 반려동물 헬스케어
크로스보더 이커머스	슬로크, 슈퍼웍스컴퍼니, 홈나이	글로벌 이커머스 및 브랜드 창업 지원

2024년 팁스 선정 주요 기업들의 특징 정리

다. 운동 후 근손실 방지를 위한 헬스케어 솔루션 기업 **이엑스헬스케어**, 반려동물을 위한 건강 관리 제품을 제공하는 **헬로마이펫**, 비수술적 소아 사시 치료를 위한 디지털 헬스케어 솔루션을 개발한 **아이씨유코퍼레이션** 등이 그 사례입니다. AI 기반의 정밀 의료와 디지털 치료제, 반려동물 헬스케어 시장은 꾸준한 성장세를 보이고 있습니다.

마지막으로, 크로스보더 및 이커머스 플랫폼 비즈니스 또한 활발히 선정되었습니다. 글로벌 패션 및 뷰티 시장을 연결하는 크로스보더 플랫폼 **슬로크**, D2C 브랜드 창업을 위한 맞춤형 제조 및 유통 솔루션 기업 **슈퍼웍스컴퍼니**, K-리빙 브랜드와 제품을 동남아시아 시장에 소개하는 **홈나이** 등 글로벌 시장 진출을 지원하는 크로스보더 플랫폼과 브랜드 창업 지원 서비스가 꾸준히 팁스의 주목을 받고 있습니다.

2024년에는 모든 산업 분야에서 AI 기반의 서비스 고도화가 뚜렷했습니다. 특히 콘텐츠 및 커머스 분야에서는 생성형 AI 를 활용한 창작 활동과 크리에이터 지원 비즈니스가 두각을 나타냈고, 핀테크 및 금융 시장에서도 AI를 기반으로 한 초개 인화 금융 서비스가 빠르게 확장되는 모습을 보였습니다.

8장.

팁스 도전을 위한 인사이트 & 성공전략

지금까지 2016년부터 2024년까지 9년간 씨엔티테크가 매칭한 총 233개 기업을 중심으로, 각 연도별로 주목받았던 산업 트렌드와 기술을 살펴봤습니다. 이를 핵심적인 트렌드 위주로 정리하면 다음과 같습니다.

연도	주요 트렌드	대표 분야
2016-2018	IoT 및 스마트 솔루션 도입	스마트팩토리, AI 챗봇, 헬스케어, O2O
2019-2020	AI 및 데이터 기반 서비스 확산	푸드테크, 헬스케어, 핀테크, 스마트 제조
2021-2022	스마트 모빌리티 및 친환경 기술 성장	자율주행, 로봇, 스마트팜, 탄소저감
2023-2024	AI 생성형 기술, 지속가능성 및 크로스보더 비즈니스 확대	생성형 AI, 친환경 소재, 글로벌 이커머스, 디지털 헬스케어

2016-2024 팁스 선정 트렌드 변화

2016년부터 2018년까지는 IoT와 스마트 솔루션의 도입이 두드러졌습니다. 이 시기에는 스마트 팩토리, AI 챗봇, 헬스케어, O2O 비즈니스 분야의 기업들이 주목받으며 팁스에 선정되었습니다. 이어서 2019년부터 2020년까지는 AI 및 데이터 기반 서비스가 확산되는 시기였습니다. 이 기간에는 푸드테크, 헬스케어, 핀테크, 스마트 제조 분야에서 기술력을 보유한 기업들이 팁스에 다수 선정되는 경향을 보였습니다.

2021년부터 2022년까지는 스마트 모빌리티와 친환경 기술이 급성장하면서 산업 전체의 트렌드를 주도했습니다. 특히 자율주행, 로봇, 스마트팜, 탄소 저감 기술이 핵심 키워드로 주목받았습니다.

마지막으로, 2023년부터 2024년까지는 생성형 AI 기술, 지속 가능성, 크로스보더 비즈니스가 크게 확대되는 추세를 보였습니다. 이러한 흐름 속에서 생성형 AI, 친환경 소재, 글로벌 이커머스, 디지털 헬스케어와 같은 키워드가 각광받으며, 이와 관련된 많은 기업이 팁스에 선정되었습니다.

정리하자면, 최근 몇 년간 AI와 데이터 기반 솔루션이 전 산업 분야로 확산되면서 지속가능성(ESG), 크로스보더 시장 확장, 정밀 의료 및 헬스케어, 스마트 모빌리티 및 물류 혁신이 핵심 테마로 자리 잡았습니다.

특히, 2022년 11월 챗GPT(ChatGPT) 프로토타입의 등장 이후, 2023년부터 본격적으로 '생성형 AI(Generative AI)'라는 키워드가 주요 트렌드로 급부상하며 산업 전반에 큰 변화를 이끌고 있습니다. AI의 적용 분야는 사실상 한계를 두지 않고 있어, 전 산업 영역에 걸쳐 또 한 번의 디지털 혁신을 주도하고 있습니다.

이런 흐름 속에서 올해부터 팁스를 준비하는 기업들은 어떤 전략을 세워야 할까요?

지금부터 앞서 살펴본 트렌드를 기반으로, 팁스 도전을 위한 5가지 핵심 인사이트와 전략을 제시하고자 합니다.

팁스 공략을 위한 5가지 인사이트

- AI와 데이터 기반 기술은 필수!
- 글로벌 확장을 고려한 크로스보더 비즈니스 모델 필요
- 지속가능성 및 친환경 기술 도입 필수
- 헬스케어 및 바이오테크 분야: 정밀 의료와 디지털 치료제 (DTx)로 확장
- 자율주행, 스마트 모빌리티 및 물류 혁신 분야는 여전히 유망

(1) AI와 데이터 기반 기술은 필수!

2016년 이후 산업 전반이 AI와 데이터 중심으로 재편되고 있습니다. 따라서 팁스 선정을 목표로 하는 스타트업은 자신의 비즈니스 모델에서 AI가 핵심 기술이 아닐 경우, 어떻게 AI를 활용하여 사업을 확장할 수 있을지에 대해 고민해야 합니다. 특히 데이터 기반 맞춤형 서비스, 예를 들어 초개인화, 자동화, 최적화 솔루션 등을 목표로 하는 비즈니스라면 명확한 기술 개발 방향이 필수적입니다.

현재 대다수의 서비스가 데이터 기반 맞춤형 솔루션을 표방하고 있지만, 실제로 명확하게 기술이 고도화되거나 시장을 압도적으로 석권한 기업은 많지 않은 실정입니다. 이는 결국 AI와 데이터 기술이 비즈니스와 고객에 대한 깊은 이해를 바탕으로 개발되어야 하기 때문입니다. 초개인화와 맞춤화가 실질적으로 누구를 대상으로 하고 있으며, 어떠한 방식으로 데이터 기반의 맞춤형 서비스를 제공할 수 있는지 철저히 고

객 여정을 분석하고, 고객 관점에서 가치 혁신을 추구해야 합니다.

앞으로 유망할 것으로 예상되는 세부 분야는 다음과 같습니다.

- **생성형 AI:** 웹툰 현지화, 음악 제작, AI 기반 디자인 등
- **AI 기반 데이러 분석 및 최적화:** 스마트 제조, 물류, 금융 등
- **AI 활용 맞춤형 서비스:** 헬스케어, 교육, 금융 등

예시 기업:
- 브레인벤처스(2024년 선정): AI 웹툰 현지화 SaaS 플랫폼 운영

(2) 글로벌 확장을 고려한 크로스보더 비즈니스 모델 필요

두 번째 인사이트 키워드는 '글로벌'입니다. 2023~2024년 팁스에 선정된 기업 중 상당수가 글로벌 시장을 겨냥한 비즈니스 모델을 제시했습니다. 최근 팁스 선정 트렌드에서도 국내 시장을 넘어 글로벌 시장으로의 확장 가능성이 높은 모델을 가진 기업들이 강세를 보였습니다. 글로벌 시장 진출은 이제 선택이 아니라 필수입니다. 실제로 크로스보더 이커머스, 글로벌 브랜드 창업 플랫폼, AI 기반 글로벌 콘텐츠 제작 및 유통 등 글로벌 시장을 타깃으로 하는 다양한 분야의 기업들이 팁스에 선정되고 있습니다.

특히 벤처 생태계에서 글로벌 진출 전략은 매우 중요해지고 있습니다. 이미 글로벌 진출을 위해 필수적인 키워드로 △글로벌 SaaS 서비스 △해외 시장 타겟의 콘텐츠 제작 및 유통 △글로벌 시장 진출을 위한 브랜딩과 마케팅 전략 △해외 네

트워크 구축 및 파트너십 강화 등이 강조되고 있습니다. 그러므로 국내 스타트업이 팁스 선정 가능성을 높이기 위해서는 국내 시장에만 머무는 것이 아니라 글로벌 시장으로 확장 가능한 비즈니스 모델을 구체적으로 제시해야 합니다.

특히 한국에서 강점을 보이는 K-POP, K-뷰티, 웹툰, 글로벌 SaaS와 같은 콘텐츠나 플랫폼 기반의 글로벌 시장 공략도 중요한 전략이 될 수 있습니다.

유망할 것으로 예상되는 세부 분야는 다음과 같습니다.

- 크로스보더 이커머스, 글로벌 브랜드 창업 플랫폼
- AI 기반 글로벌 콘텐츠 제작 및 유통 (K-POP, K-뷰티, 웹툰 등 콘텐츠 현지화 포함)
- 글로벌 SaaS 플랫폼 비즈니스

예시 기업:
- 2024년 선정 기업 중 "슬로크" (크로스보더 패션뷰티 중개 플랫폼)

(3) 지속 가능성 및 친환경 기술 도입 필수

세 번째 인사이트 키워드는 '지속 가능성'입니다. 팁스는 2021년 이후 환경·사회·거버넌스(ESG) 요소를 반영한 지속 가능한 기술에 높은 가치를 두고 있습니다. 특히 최근 선정 기업들은 비즈니스 모델의 핵심에 ESG(환경·사회·거버넌스) 요소를 명확히 반영한 경우가 많았습니다.

따라서 앞으로 팁스 선정을 목표로 하는 스타트업이라면 친환경적이며 지속 가능한 기술, 솔루션을 도입하거나, 적어도 생산과 운영 과정에서 ESG 요소를 어떻게 반영할 수 있을지 고민한 흔적을 구체적으로 보여주는 것이 중요합니다. 예를 들어, 탄소 배출 저감 기술이나 폐기물 재활용 솔루션, 친환경 소재 개발 등이 여기에 해당합니다. 만약 비즈니스 모델이 친환경 분야에 속하지 않더라도, ESG 관점에서 운영 효율성을 높이거나 지속 가능성을 위한 별도의 기술적 접근을 시도할 필요가 있습니다.

유망 분야는 다음과 같습니다.

- 탄소 배출 저감 및 친환경 에너지 기술
- 지속 가능한 친환경 소재 개발 (바이오플라스틱, 친환경 패키징 등)
- 기후 변화 대응을 위한 스마트팜 및 스마트 시티 인프라

예시 기업:
- 마리나체인(2024년 팁스 선정): 블록체인을 활용한 해운업 탄소 배출 모니터링 및 관리 솔루션 개발 기업

(4) 헬스케어·바이오테크 분야:
정밀 의료 및 디지털 치료제(DTx)로 확장

네 번째 인사이트 키워드는 '헬스케어와 바이오테크'입니다. 최근 정밀 의료 및 맞춤형 헬스케어 시장이 빠르게 성장하면서 팁스에서도 관련 분야 스타트업이 지속적으로 선정되고 있습니다.

단순한 기존 헬스케어 제품에서 벗어나, AI와 데이터 기반의 정밀 의료나 디지털 치료제(DTx)와 같은 혁신적 기술력을

확보하는 것이 중요합니다. 특히, 데이터를 활용하여 건강 모니터링, 질병 예방 솔루션 등을 제공하는 비즈니스 모델은 확장 가능성 측면에서 높은 평가를 받을 수 있습니다.

틴스의 본래 목적은 정부가 창업기업에 연구개발(R&D) 자금을 지원하여 기술을 심화하고, 그 기술을 시장에서 실제 매출로 연결하도록 하는 것입니다. 따라서 스타트업은 단순히 연구소 수준에서 개발된 기술이나 제품을 넘어, 국내외 시장에서 경쟁할 수 있는 사업화 가능성도 함께 제시할 수 있어야 합니다.

예상 유망 분야는 다음과 같습니다.

- AI 기반의 정밀 의료 및 디지털 치료제(DTx)
- 반려동물 맞춤형 헬스케어
- 근골격계 및 스포츠 헬스케어 (회복·리커버리 제품, 웨어러블 건강 모니터링 등)

예시 기업:
- 이엑스헬스케어(2024년 틴스 선정): 근손실 방지 기능성 크림 개발 스타트업

(5) 자율주행, 스마트 모빌리티와 물류 혁신은 여전히 유망

다섯 번째 인사이트 키워드는 '자율주행과 스마트 모빌리티'입니다. 스마트 물류 및 자율주행 관련 기술 분야는 2018년 이후 꾸준히 틴스에 선정되고 있으며, 향후에도 지속적으로 성장할 가능성이 높은 분야입니다.

틴스를 목표로 하는 스타트업이라면 물류 및 모빌리티 분

야에서 AI 자동화가 가능한 영역을 발굴하고, 최적화된 솔루션을 제안할 수 있어야 합니다. 특히 기존의 전통적인 물류나 배송 시스템을 개선할 수 있는 구체적이고 데이터 기반의 혁신 모델이 필요합니다.

최근 2~3년 사이 생성형 AI를 포함하여 다양한 AI 기술이 고도화되면서, 자율주행과 스마트 모빌리티 분야에서도 기술 혁신이 빠르게 진행되고 있습니다. 기업 입장에서는 최신 산업 트렌드를 면밀히 관찰하면서 아직 해결되지 않은 문제를 명확히 정의하고, 이에 대한 창의적이고 실질적인 솔루션을 제공해야 합니다.

예상 유망 분야는 다음과 같습니다.

- AI 기반 스마트 물류 최적화 솔루션 (중소형 물류사 매칭, 배송 경로 최적화 등)
- 전기차 및 탄소 중립 모빌리티 솔루션
- 드론 및 자율주행 기반 물류 시스템

예시 기업:
- **로커스코리아(2024년 팁스 선정):** 소형 유통사와 소형 물류사를 AI 기반으로 매칭하는 플랫폼 운영

올해 팁스를 준비하는 스타트업을 위한 핵심 전략을 정리해 보면 다음과 같습니다.

팁스를 준비하는 스타트업을 위한 핵심 전략 요약
- AI와 데이터 기반 기술을 비즈니스 모델에 필수적으로 반영

할 것

- 국내 시장에 한정되지 않고 글로벌 시장 확장 전략을 적극적으로 수립할 것
- ESG와 지속 가능성을 명확하게 비즈니스 모델에 반영할 것
- 디지털 헬스케어 및 정밀 의료 시장을 적극적으로 공략할 것
- 자율주행, 스마트 물류, 크로스보더 이커머스 등 유망 산업에 전략적으로 집중할 것

지금까지 3부를 통해 씨엔티테크가 2016년부터 2024년까지 9년 동안 팁스 매칭을 진행한 총 233개 기업을 분석하며, 각 연도별 산업 트렌드와 주요 키워드를 살펴보았습니다. 이를 바탕으로 앞으로 팁스에 선정될 가능성이 높은 기업과 분야를 예측하고, 이를 준비하는 스타트업들이 활용할 수 있는 실질적인 인사이트와 전략도 함께 제시했습니다.

창업 기업이 팁스를 준비할 때 이 내용을 적극적으로 참고하여 좋은 결과를 만들어 내기를 기대합니다.

9장

팁스 공략법:
운영사가 원하는 스타트업의 특징

이번 장에서는 팁스 운영사를 공략하는 방법에 대해 다뤄보겠습니다. 창업 기업이 팁스(TIPS)에 최종 선정되기 위해서는 사전에 팁스 운영사로부터 일정 금액의 투자를 받아야 합니다. 일반 팁스의 경우 1~2억 원 이상의 투자를 받아야 하고, 딥테크 팁스의 경우에는 최소 3억 원 이상의 투자를 유치해야 합니다. 이렇게 사전에 이루어지는 선행 투자가 필수 조건이므로, 운영사를 공략하는 전략은 창업 기업에게 매우 중요합니다.

팁스 운영사는 단순히 정부 지원금을 전달하는 기관이 아닙니다. 운영사는 스타트업이 향후 충분히 성장할 가능성이 있는지, 투자자의 관점에서 해당 기업이 매력적이며 실제 투자할 가치가 있는지를 철저히 검증합니다. 다시 말해 팁스 선정의 첫 번째 관문은 운영사의 투자 기준에 부합하는지 여부에 달려 있으며, 이러한 기준을 통과한 스타트업만이 최종적으로 팁스에 추천될 수 있습니다.

그렇다면 팁스 운영사가 원하는 스타트업의 핵심 역량은

무엇일까요?

팁스 운영사가 원하는 스타트업의 5가지 핵심 요소
- 기술력만큼 중요한 시장성
- 투자자가 신뢰하고 투자하고 싶은 강한 창업팀
- 사업 모델의 지속 가능성과 확장 가능성
- 데이터 기반의 실질적인 성장 증거
- 글로벌 시장 진출 및 확장 가능성

즉, 팁스 운영사가 원하는 스타트업의 핵심 요소는 시장성, 창업팀의 역량, 지속 가능성, 데이터 기반의 성장성, 글로벌 확장 가능성 등 총 5가지로 요약할 수 있습니다. 이제 각각의 요소에 대해 보다 자세히 살펴보겠습니다.

(1) 기술력만큼 중요한 시장성

첫 번째 핵심 요소인 '시장성'을 강조할 때 가장 중요한 것은 기술 자체보다는 그 기술이 '돈'이 되는지 여부입니다. 많은 창업자가 "우리는 세계 최고 수준의 기술력을 보유하고 있습니다"라고 기술력을 강조하지만, 실제로 운영사가 가장 중요하게 여기는 질문은 **"그래서 그 기술이 어떻게 수익을 낼 수 있는가?"**입니다. 아무리 뛰어난 기술이라도 기술 혁신이 고객에게 가치를 제공하고 실제 구매로 이어지는 '가치 혁신'으로 연결되지 않으면, 시장에서는 의미 없는 기술이 될 수밖에 없습니다.

이와 관련하여 《투자자의 생각을 읽어라》라는 책에서도 언급된 바 있습니다. 뛰어난 기술이라 하더라도 고객이 그 기술을 사용할 만큼 가치 있다고 느끼지 않거나, 굳이 그런 수준의 기술이 필요하지 않다고 생각한다면 결국 시장에서 채택되지 않습니다. 고객이 선택하지 않는 기술은 결국 기업의 생존을 어렵게 만듭니다. 따라서 창업자는 기술 혁신 자체만을 강조할 것이 아니라, **그 기술이 어떻게 돈이 되는지**를 명확하게 제시할 수 있어야 합니다.

운영사는 다음과 같은 핵심 질문으로 스타트업을 검증합니다.

- 시장의 크기가 충분히 큰가?
- 기존의 솔루션보다 10배 이상 뛰어난가?
- 고객이 돈을 내고 사용할 만큼 매력적인 제품인가?

실제 사례를 들어보겠습니다. 2024년 팁스에 선정된 **팜킷**은 AI 기반의 식품 쇼핑몰 매출 상승 솔루션 기업으로, 기존 커머스 시장에서 직접적인 매출 증가를 유도할 수 있는 명확한 비즈니스 모델을 제시했습니다. 또한, 2023년 선정된 기업인 **업루트컴퍼니**는 AI와 블록체인을 기반으로 한 자산 투자 솔루션 기업인데요. 이들은 기존 금융 시스템의 비효율성을 개선하면서 급성장하는 투자 시장의 성장성을 명확히 입증하여 운영사를 설득했습니다.

여러분이 팁스 운영사를 공략할 때 반드시 기억해야 할 전략을 정리하면 다음과 같습니다.

팁스 선정 전략 핵심 요약
- 기술력보다 시장성 설명이 먼저!

- 시장의 크기를 명확한 데이터로 증명할 것!
- 고객이 실제로 지갑을 열지 철저히 검증할 것!

(2) 투자자가 투자하고 싶은 강한 창업팀

팁스 운영사가 두 번째로 중요하게 평가하는 요소는 바로 '창업팀의 역량'입니다. 아무리 뛰어난 기술과 뛰어난 시장성을 갖춘 아이템이라고 하더라도, 실제로 실행할 수 있는 능력이 부족한 창업팀은 투자받기가 어렵습니다.

제가 쓴 책 《투자자의 생각을 읽어라》에서 창업 기업이 투자를 받기 위해 IR DECK(사업계획서)를 작성하는 6가지 단계를 언급한 적이 있는데요. 그중 마지막 단계가 바로 '팀 소개'였습니다. 기업이 제기한 문제를 실제로 해결할 솔루션을 성공적으로 구현하려면, 결국 창업팀의 역량이 필수적입니다. 팀의 역량이 부족하면 아무리 좋은 아이디어도 실제 사업화 단계까지 이어지지 못할 가능성이 큽니다.

팁스는 기본적으로 2~3년 동안 집중적으로 연구개발(R&D)을 진행하여 스타트업의 기술력을 한 단계 더 끌어올리는 프로그램입니다. 만약 창업팀 내부에 이 같은 과제를 수행할 역량이 부족하다면, 팁스 프로그램의 목적을 달성하지 못하고 결국 졸업하지 못할 수도 있습니다. 그래서 운영사는 다음과 같은 질문을 통해 창업팀의 역량을 철저히 검증합니다.

운영사의 핵심 질문
- 창업팀은 해당 분야에 충분한 전문성을 갖추었는가?
- CEO와 CTO가 균형 잡힌 역량을 보유하고 있는가?
- 실제 문제 해결 능력과 빠른 실행력을 갖추었는가?

실제 사례를 들어보겠습니다. 저희가 팁스 매칭을 지원한 2024년 선정 기업인 **이엑스헬스케어**는 근손실 방지 기능성 크림을 개발했는데요. 이 회사는 헬스케어 분야 전문가들이 모여 창업했으며, 과학적이고 전문적인 역량을 바탕으로 제품을 성공적으로 개발하여 운영사의 신뢰를 얻었습니다. 또 다른 예로, 2022년 팁스 선정 기업인 **다겸**은 다중 센서 기반 로봇 AI 관리 시스템을 개발한 회사입니다. 이 팀 역시 AI 로봇 분야에서 풍부한 연구 경험을 보유한 전문가들이 창업했기 때문에 시드 투자 유치에 이어 팁스 선정까지 성공적으로 이어질 수 있었습니다.

여러분이 팁스 운영사를 공략할 때 반드시 기억해야 할 전략을 다음과 같이 정리했습니다.

팁스 선정 전략 핵심 요약
- 창업팀의 전문성과 경험을 적극 강조할 것!
- 팀의 실행력을 보여줄 수 있는 구체적인 성과(파일럿 테스트, 초기 고객 확보 등)를 명확히 제시할 것!
- 창업팀의 스토리를 강하게 어필할 것 (왜 이 문제를 해결하려고 하는지에 대한 동기와 열정)

(3) 사업 모델의 지속 가능성과 확장 가능성

팁스 운영사가 세 번째로 중요하게 평가하는 요소는 '지속 가능성과 사업 확장성'입니다. 즉, 팁스 프로그램이 종료된 이후에도 기업이 자립하여 후속 투자를 유치하고 지속적으로 성장할 수 있는지를 중요하게 따집니다.

사실 창업 기업은 팁스 지원금만으로 충분한 성장을 이뤄

내기 어렵습니다. 왜냐하면 팁스 프로그램 진행 기간(2~3년) 동안에는 보유한 기술을 고도화하고 제품을 다듬는 데 많은 시간을 할애하게 되고, 졸업 이후 본격적인 마케팅과 세일즈를 진행해야 실질적인 매출 성장을 달성할 수 있기 때문입니다. 이 과정에서 자금난이 발생하거나, 시장을 확장하기 위해 추가 비용이 필요하다면 창업 기업은 빠르게 후속 투자를 유치하거나 다양한 추가 지원 프로그램을 활용할 수 있어야 합니다.

최근 수년간 투자 혹한기 속에서 많은 스타트업들이 시리즈A, 시리즈B까지 투자를 받고도 결국 폐업에 이르는 사례가 늘어나고 있습니다. 그만큼 후속 투자와 파이낸싱이 쉽지 않은 현실입니다. 따라서 창업자는 팁스 선정 초기부터 투자자 네트워크를 구축하고, 지속적으로 회사의 성장 가능성을 시장에 증명하는 활동을 해야 합니다.

이를 근거로 팁스 운영사가 던질 수 있는 핵심 질문은 다음과 같습니다.

운영사의 핵심 질문
- 팁스 졸업 이후 시리즈A 등 후속 투자 유치 가능성이 충분한가?
- 빠르게 스케일업이 가능한 비즈니스인가?
- 구독형 또는 네트워크 효과가 명확한 사업 모델인가?

구체적인 사례를 들어보겠습니다. 2024년 팁스에 선정된 **슈퍼웍스컴퍼니**는 재고 부담 없이 브랜드 창업을 가능하게 하는 플랫폼을 SaaS 구독형 모델로 발전시켜 매출을 증명함으로

써 운영사의 신뢰를 얻었습니다. 또한, 2023년 선정된 기업인 **슬로크**의 경우 글로벌 시장 확장 가능성과 함께 플랫폼 네트워크 효과를 명확하게 강조하여 팁스 선정으로 연결되었습니다.

팁스 운영사를 공략하기 위한 구체적인 전략을 다음과 같이 정리했습니다.

팁스 선정 전략 핵심 요약

- 팁스 졸업 이후 후속 투자 유치 계획을 명확히 제시할 것!
- 구독형 모델 또는 네트워크 효과를 가진 비즈니스 모델이라면 구체적으로 강조할 것!
- 시장 점유율을 빠르게 높일 수 있는 성장 전략을 명확히 수립할 것!

(4) 데이터 기반의 실질적인 성장 증거

팁스 운영사가 네 번째로 중요하게 평가하는 핵심 요소는 바로 '데이터 기반의 실질적인 성장 증거'입니다. 팁스 운영사는 아이디어만으로는 결코 투자하지 않습니다. 창업 기업이 시장에서 실질적으로 검증된 데이터를 보유하고 있을 때 선정될 가능성이 높아집니다.

코로나19 팬데믹을 기점으로 투자 시장의 분위기가 크게 달라졌습니다. 이전에는 아이디어와 MVP 모델만으로도 빠르게 투자를 받을 수 있었지만, 팬데믹 이후 금리 인상과 함께 투자 시장이 경색되면서 초기 기업에 대한 투자가 더욱 신중해졌습니다. 현재 벤처캐피탈(VC)은 리스크를 줄이기 위해 시리즈A보다는 시리즈B나 시리즈C와 같은 후기 단계 투자를 선호하는 경향을 보이며, 액셀러레이터(AC) 역시 MVP 모델이 최소한의 시장 검증을 마친 후에야 투자를 진행하는 등 투자 허들이 높아지고 있습니다.

즉, 투자자는 초기의 '원석' 같은 스타트업보다는 일정 수준 이상으로 검증된 기업에 투자하고자 하는 경향이 강해진 것입니다. 특히, 사업 모델이 시장에서 어느 정도의 가능성을 검증받았다는 개념검증(PoC)이나 **시장적합성검증(PMF)** 데이터가 있다면 팁스 선정 가능성이 더욱 높아집니다. 이러한 데이터가 명확하면 팁스 프로그램을 졸업한 후에도 지속적으로 성장할 가능성이 있다는 신뢰를 줄 수 있기 때문입니다.

운영사가 던질 수 있는 핵심 질문은 다음과 같습니다.

운영사의 핵심 질문
- 실제 고객 유치 및 매출 데이터가 있는가?
- 시장 검증이 가능한 프로토타입(MVP, PoC)을 보유하고 있는가?
- 고객의 반응(인터뷰, 설문조사, 실사용 후기 등)이 명확히 검증되었는가?

실제 사례를 들어보겠습니다. 저희 회사가 팁스 매칭을 지원한 2024년 선정 기업인 **팜킷**은 AI 기반 식품 쇼핑몰 매출 증대 솔루션을 제공하는 기업입니다. 이 회사는 파일럿 테스트를 통해 매출 상승 데이터를 명확히 제시함으로써 운영사에게 데이터 기반의 성장성을 증명했습니다. 또한, 2021년에 선정된 기업인 **바이셀스탠다드**는 중고 명품 조각투자 플랫폼 기업으로, 실제 명품 조각투자 거래 데이터를 명확히 제시하며 투자 유치 및 팁스 선정에 성공했습니다.

여러분이 팁스 운영사를 공략할 때 반드시 기억해야 할 전략을 다음과 같이 정리했습니다.

팁스 선정 전략 핵심 요약
- 데이터를 활용해 사업 모델의 시장성을 검증할 것!
- 최소한 초기 고객(파일럿 또는 PoC)을 확보할 것!
- 시장 반응을 보여줄 수 있는 구체적이고 실질적인 수치를 제시할 것!

(5) 글로벌 확장 가능성

팁스 운영사가 마지막으로 중요하게 보는 핵심 요소는 '글로벌 확장 가능성'입니다. 운영사는 국내 시장에만 머무르는 기업보다는 글로벌 시장으로의 진출과 스케일업 잠재성이 명확한 기업을 선호합니다.

특히 K-POP, K-뷰티, K-푸드와 같이 글로벌에서 이미 인지도가 높은 한류 콘텐츠 분야, 크로스보더 이커머스, 글로벌 SaaS 플랫폼, AI 기반 글로벌 콘텐츠 등 해외 진출이 용이한 비즈니스 모델을 높이 평가합니다. 이는 팁스의 지원 목표와도 밀접하게 연결돼 있습니다. 팁스는 스타트업이 연구개발(R&D)을 통해 기술적 성과를 내면, 이후 해외 사업화 및 마케팅을 위해 최대 10개월 동안 매월 1억 원씩, 총 2억 원까지 추가 지원하는 후속 프로그램을 운영하고 있습니다. 이 지원금의 취지 역시 창업 기업의 글로벌 진출과 확장을 촉진하기 위한 것입니다.

이를 바탕으로 팁스 운영사가 창업 기업을 평가할 때 주로 던지는 핵심 질문은 다음과 같습니다.

운영사의 핵심 질문
- 국내 시장을 넘어 글로벌 확장 가능성이 충분한가?
- 구체적인 해외 진출 전략이 준비되어 있는가?
- 글로벌 기업과 협력하거나 해외에서 주목받을 가능성이 높은가?

실제 사례를 통해 살펴보겠습니다. 저희 회사에서 2024년 팁스 매칭을 지원한 기업 중 하나인 **달라라네트워크**는 글로벌 K-POP 스타 육성 플랫폼을 운영하는 스타트업입니다. 이 기업은 K-POP의 글로벌 팬덤을 활용해 해외 아티스트를 육성하고, 글로벌 엔터테인먼트 시장으로 사업을 확장하겠다는 구체적 전략을 제시하여 팁스 선정에 성공했습니다.

또한, 2024년 팁스에 선정된 기업인 **홈나이**는 베트남 및 동남아시아에서 K-리빙을 선도하는 라이프스타일 플랫폼입니다. 동남아 시장에서 한국 브랜드와 라이프스타일 제품을 효과적으로 유통하며 실질적인 매출 성장을 증명했고, 이를 근거로 팁스 운영사의 투자와 추천을 받아 선정될 수 있었습니다.

팁스 운영사를 공략할 때 여러분이 반드시 기억해야 할 전략을 다음과 같이 정리했습니다.

팁스 선정 전략 핵심 요약
- 국내 시장에 머무르지 않고 글로벌 확장 가능성을 강조할 것!
- 동남아, 미국, 유럽 등 해외 진출 전략을 구체적으로 제시할

것!

- 크로스보더 이커머스, 글로벌 콘텐츠, SaaS 등 글로벌 경쟁력이 명확한 비즈니스 모델을 고려할 것!

지금까지 팁스 운영사를 공략하기 위한 5가지 핵심 요소를 살펴봤습니다. 팁스 선정은 창업 기업에게 있어 최종 목표가 아니라 글로벌 시장으로 확장하기 위한 첫걸음입니다. 이 내용을 바탕으로 국내 시장에만 머무르지 않고 글로벌 스케일업이 가능한 기업으로 성장해 나가기를 기대합니다.

10장.

팁스는 시작일 뿐, 성장의 기회로!

앞서 여러 번 강조했듯이, 팁스는 단순한 정부의 연구개발 지원 프로그램이 아닙니다. 팁스는 스타트업이 스케일업을 이루기 위한 성장의 첫걸음이며, 글로벌로 확장할 수 있는 강력한 발판 역할을 하는 프로그램입니다.

씨엔티테크는 지난 9년 동안 470개의 스타트업을 대상으로 총 700억 원이 넘는 시드 투자를 진행했고, 그중 절반에 가까운 233개 기업이 팁스에 매칭되는 성과를 거두었습니다. 이들 233개 기업은 팁스 프로그램을 수행하거나 졸업한 이후에도 꾸준히 성장하고 있으며, 후속 투자 유치, 정부 후속 지원 프로그램 활용 등을 통해 국내뿐 아니라 해외 시장으로까지 성공적으로 확장해 나가고 있습니다.

팁스 선정은 결코 최종 목표가 아닙니다. 오히려 진짜 경쟁은 팁스 졸업 이후부터 시작된다고 볼 수 있습니다. 따라서 이번 장에서는 팁스 선정을 시작으로 삼아 팁스 이후에 후속 투자를 유치하고 성장의 기회를 극대화하는 전략에 대해 자세히 살펴보겠습니다.

씨엔티테크가 분석한 결과, 팁스에 선정된 기업들이 선택한 주요 성장 경로는 크게 다음과 같은 세 가지 유형으로 구분할 수 있었습니다.

첫째, 후속 투자 유치를 통한 스케일업
둘째, 글로벌 시장 확장을 통한 성장
셋째, M&A 또는 대기업과의 전략적 협력을 통한 성장

지금부터 각각의 전략에 대해 구체적으로 살펴보겠습니다.

(1) 후속 투자 유치 및 스케일업

팁스 지원금을 활용해 초기 기술 개발(R&D)을 성공적으로 수행한 기업들은 시리즈 A나 시리즈 B 단계의 후속 투자를 유치하면서 빠르게 스케일업하는 경향을 보였습니다. 실제로 저희가 투자한 기업 중에서도 시리즈 A, B 이상의 후속 투자를 받으며 기업가치가 수백억 원 이상으로 성장한 기업들이 다수 등장했고, 이들 기업은 팁스 프로그램 이후 시장에서 더욱 두각을 나타내고 있습니다.

대표적인 사례로는, 2023년 팁스에 선정된 **세븐포인트원**이 있습니다. 세븐포인트원은 치매 사전 진단 및 AI 기반의 헬스케어 솔루션 기업으로 팁스 선정 이후 시리즈 A에서 40억 원 규모의 투자를 성공적으로 유치했습니다. 또한, 2020년 팁스에 선정된 푸드테크 기업 **스윗밸런스**는 팁스 이후 100억 원 규모의 시리즈 B 투자를 유치하며 기업가치를 크게 끌어올렸습니다.

이처럼 팁스 선정 이후 본격적인 스케일업을 이루기 위해

스타트업이 반드시 준비해야 할 핵심 체크리스트는 다음과 같습니다.

팁스 선정 이후 스타트업이 반드시 해야 할 일
- 팁스 기간 동안 철저하게 기술 개발과 시장 검증을 수행할 것
- 팁스 지원금을 활용하여 후속 투자 유치를 위한 명확한 성과 지표(Data)를 확보할 것
- VC 및 투자자와 지속적인 네트워크를 구축하며, 시리즈 A, B 등 후속 투자 유치를 위한 전략을 수립할 것

(2) 글로벌 시장 확장 및 크로스보더 비즈니스

팁스 선정 이후 두 번째 주요 성장 경로는 **글로벌 시장 진출과 크로스보더 비즈니스 확대**입니다. 최근 선정된 스타트업 중 많은 기업이 국내 시장에 안주하지 않고 해외 시장 공략에 적극 나서는 모습을 보이고 있습니다. 특히 K-콘텐츠(K-POP, K-뷰티, K-리빙)와 함께 크로스보더 이커머스, SaaS 등 글로벌 확장성이 뛰어난 분야의 스타트업이 성공적으로 해외 시장을 개척하고 있습니다.

예를 들어, 2024년 팁스 선정 기업인 **달라라네트워크**는 K-POP 스타 트레이닝과 글로벌 팬덤 구축을 기반으로 팁스 이후에도 적극적으로 해외 시장 공략에 나서고 있습니다. 또한, 같은 해 선정된 **홈나이**는 베트남 및 동남아시아 시장을 타깃으로 하는 K-리빙 플랫폼으로 자리 잡으며 꾸준히 성장하고 있습니다.

팁스 선정 이후 글로벌 시장 확장을 고려하는 스타트업이라면 다음 사항을 체크리스트로 반드시 기억하고 준비할 필

요가 있습니다.

팁스 선정 이후 스타트업이 꼭 해야 할 일 (글로벌 확장)
- 팁스 자금을 활용하여 해외 시장 조사 및 PoC를 적극적으로 진행할 것
- 글로벌 VC 및 파트너십 네트워크를 미리 확보할 것
- 크로스보더 이커머스, 글로벌 SaaS, 콘텐츠 플랫폼 등 글로벌 확장성이 뛰어난 플랫폼을 구축할 것

(3) M&A 또는 대기업 협업을 통한 성장

세 번째 성장 경로는 M&A(기업 인수합병) 또는 대기업과의 협업을 통한 성장입니다. 특히 기술력이 뛰어난 테크 스타트업들이 대기업의 주목을 받아 협업을 진행하거나 인수되는 사례가 늘어나고 있습니다. 이를 통해 스타트업은 빠르게 시장을 확장하고, 글로벌로 나아갈 수 있는 교두보를 마련하기도 합니다.

2024년 팁스 선정 기업 중 하나인 **팀리부뜨**는 무역업무를 AI로 자동화하는 스타트업으로, 팁스 선정 이후 대기업과 협력하여 물류 자동화 솔루션을 제공하며 빠르게 성장하고 있습니다. 또한 같은 해 팁스에 선정된 **팜킷**은 AI 기반으로 식품 쇼핑몰의 매출을 증가시키는 솔루션을 보유하고 있는데, 대형 유통업체와 전략적 제휴를 맺으며 성장의 폭을 넓히고 있습니다.

팁스 선정 이후 M&A 또는 대기업과의 협업을 통한 성장을 계획하는 스타트업이라면 다음 사항을 체크리스트로 반드시 참고하시기 바랍니다.

팁스 선정 이후 스타트업이 꼭 해야 할 일

(M&A 및 대기업 협업)

- B2B 협업 가능성이 높은 대기업 리스트를 작성하고, 적극적으로 네트워킹할 것
- 기술 특화 기업은 특허 및 기술 자산(IP) 보호 전략을 철저히 수립할 것
- M&A 가능성이 있는 기업이라면 명확한 기술력과 고객 확보 전략을 미리 준비할 것

지금까지 살펴본 바와 같이, 씨엔티테크가 매칭한 팁스 선정 기업들은 팁스 프로그램을 종료한 이후에도 후속 투자를 유치하거나 글로벌 시장으로 사업 영역을 확장하고, M&A나 대기업과의 협력을 통해 지속적으로 성장해 나가고 있음을 확인할 수 있었습니다.

특히 팁스 이후 성공적으로 성장한 기업들에는 공통점이 있었습니다. 이들은 팁스의 R&D 자금을 효과적으로 활용하고, 글로벌 네트워크를 적극적으로 구축했으며, 후속 투자 유치를 위한 구체적이고 명확한 성과 데이터를 확보하고 있었습니다.

팁스 지원금을 단순한 운영비로 사용하는 것이 아니라, **기술을 확실하게 검증하고 후속 투자를 성공적으로 유치하는 발판**으로 활용해야 합니다. 예를 들어, 2023년에 팁스에 선정된 **바오밥헬스케어**는 팁스 지원금을 기술 개발과 특허 확보에 전략적으로 투자하여 AI 기반 헬스케어 솔루션의 기술적 경쟁력을 증명했습니다. 이처럼 많은 기업이 팁스 기간 동안 기술력을 명확히 검증하고 특허를 확보하여 후속 투자를 유치할 수

있는 강력한 기반을 만들고 있습니다.

또한, 팁스 기간을 적극적으로 활용해 글로벌 네트워크를 구축하며 해외 시장 진출을 추진하는 기업들도 많습니다. 팁스는 국내 중심의 프로그램이지만 궁극적인 목표는 스타트업이 글로벌 기업으로 성장하는 데 있습니다. 팁스 선정 기업 중에서도 글로벌 네트워크를 적극적으로 활용하여 해외 시장에서 성과를 만들어내고 있는 기업들이 다수 있습니다. 예를 들어, 2024년에 선정된 슬로크는 크로스보더 패션·뷰티 중개 플랫폼을 운영하며 글로벌 브랜드와 적극적으로 협업했고, 실제 유럽에 상점과 팝업스토어를 오픈하여 해외 시장 진출 성과를 입증하고 있습니다.

팁스에 선정된 이후에는 글로벌 투자자와 액셀러레이터, 해외 네트워크와의 관계를 적극적으로 확대하며 해외 진출을 위한 초기 테스트(PoC, 파일럿 프로젝트)를 수행하는 것이 매우 중요합니다.

한편, 팁스 기간 동안 시장 검증을 통해 후속 투자 유치를 위한 명확한 데이터와 객관적인 지표를 확보하는 것도 필수적입니다. 후속 투자 단계에서는 벤처캐피탈(VC)들이 숫자와 객관적인 데이터로 성장 가능성을 판단하기 때문에, 이러한 명확한 지표 확보가 투자 유치의 핵심 포인트가 될 수 있습니다.

예를 들어, 2024년 팁스에 선정된 팜킷은 AI 기반 식품 쇼핑몰 매출 상승 솔루션을 개발한 스타트업으로, 팁스 기간 내에 실질적인 매출 상승 데이터를 확보하여 후속 투자자들에게 명확한 성장 가능성을 증명할 수 있었습니다. 이러한 객관적인 시장 검증 데이터와 구체적인 지표는 VC들이 가장 신뢰하는 자료이며, 후속 투자 유치를 위한 필수적인 조건이라 할 수 있습니다.

정리하자면, 팁스는 스타트업에게 결코 최종 목표가 아니라 진정한 성장을 위한 시작점입니다. 그러므로 팁스 선정을 끝으로 생각하지 말고, 팁스를 발판 삼아 세계적인 기업으로 성장하겠다는 목표로 더욱 전략적이고 적극적으로 활용하시기 바랍니다.

4부.

팁스 이후의 성장 전략

팁스에 선정된 기업들은 연구개발(R&D)을 통해 기술을 더욱 고도화하고, 이를 바탕으로 실제 제품을 시장에 출시하는 것을 목표로 합니다. 팁스 프로그램을 졸업하면 바로 시장에 뛰어들어 매출을 창출할 수도 있지만, 정부와 민간에서 제공하는 다양한 후속 지원 프로그램을 활용하여 성장을 이어갈 수도 있습니다. 그렇다면 팁스를 졸업한 스타트업은 어떤 방향으로 나아가야 지속 가능한 성장을 이룰 수 있을까요?

이번 4부에서는 팁스를 성공적으로 졸업한 스타트업이 이후 단계별로 어떠한 전략과 방향성을 가져야 할지, 이에 대한 구체적인 방법과 팁을 제시하려고 합니다. 일반적으로 팁스 졸업 이후의 성장 방향은 크게 **후속 투자 유치, 글로벌 진출 지원 프로그램 수행, 스케일업 지원 프로그램 참여**의 세 가지로 나눌 수 있습니다. 이 세 가지 방향을 동시에 추진할 수도 있으며, 기업의 상황에 따라 단계적으로 하나씩 접근하는 것도 가능합니다.

단계	내용	지원
1단계	팁스, 딥테크 팁스 프로그램 수행	팁스 5억 원, 딥테크 팁스 15억 원 지원
2단계	후속투자유치	팁스 운영사, VC 네트워크 활용
3단계	글로벌 진출 프로그램	글로벌 지원 프로그램(10개월 최대 1억 원 지원)
		글로벌 팁스(3년, 최대 6억 원 지원)
		코트라 해외지사화 사업(진입, 발전, 확장 단계별 지원)
		글로벌 ICT 미래유니콘 육성사업 (최대 300억 원 지원)
4단계	스케일업 지원 프로그램	포스트팁스
		스케일업팁스
		K유니콘 프로젝트 - 아기유니콘 육성사업
		K유니콘 프로젝트 - 예비유니콘 특별 보증
		산업기술 R&D 지원

팁스 이후 지원 사업의 단계별 로드맵

이상적인 팁스 이후 성장 로드맵을 정리하면 다음과 같습니다.

- **1단계:** 팁스(일반 팁스 또는 딥테크 팁스) 프로그램 수행
- **2단계:** 후속 투자 유치, 글로벌 진출, 스케일업 지원 프로그램 참여 (이 단계는 개별적으로 또는 동시 진행 가능)

각자 처한 상황과 성장 목표를 명확히 점검하고, 위의 로드맵을 기반으로 자사에 가장 적합한 전략을 설계하는 것이 중요합니다. 그럼 지금부터 팁스 졸업 이후 스타트업이 선택할 수 있는 세 가지 전략적 방향을 구체적으로 살펴보겠습니다.

1장

후속 투자 유치

먼저 팁스 이후의 성장 단계 중 하나인 '후속 투자 유치'에 대해 살펴보겠습니다. 팁스 프로그램을 졸업한 기업은 R&D 성과를 바탕으로 제품이나 서비스를 시장에서 검증받는 단계를 거치게 됩니다. 일반적으로 팁스를 성공적으로 마친 기업은 본격적인 매출 창출 단계에 돌입하게 되며, 이때 투자자들은 팁스 과제를 통해 완성된 기술 및 결과물에 가치를 부여하여 후속 투자를 제안합니다.

대개 다음과 같은 후속 투자 단계를 거치게 됩니다.

단계	주요 투자자	투자 금액
팁스(Seed 단계)	팁스 운영사	1억~2억 원 (팁스 R&D 매칭 5억 원)
시리즈 A	VC, CVC(기업형 VC), 정부 펀드	10억~50억 원
시리즈 B~C	대형 VC, 글로벌 투자자	50억~200억 원
IPO(기업공개)	기관 투자자, 증권사	200억 원 이상

팁스 이후 일반적인 후속 단계

일반적으로 스타트업이 팁스 프로그램에 신청하려면 팁스 운영사를 통해 1~2억 원의 시드 투자를 유치해야 합니다. 이후 팁스 졸업 단계에서는 벤처캐피탈(VC), 기업형 벤처캐피탈(CVC), 정부 펀드 등 다양한 투자자를 통해 시리즈 A 이상의 투자를 받을 수 있습니다. 최근 투자 트렌드에서는 시드 투자 이후 곧바로 시리즈 A를 진행하기보다는, 기업가치가 50억~100억 원 규모인 Pre-A 라운드를 진행하는 경우도 늘어나고 있습니다.

팁스 이후 성공적으로 후속 투자를 유치하기 위해 스타트업은 다음의 3가지 핵심 전략을 준비해야 합니다.

- 기술 고도화 및 시장 검증
- 명확한 비즈니스 모델 확립
- 투자자 네트워크 구축

각 전략을 하나씩 살펴보겠습니다.

(1) 기술 고도화 및 시장 검증

기술 고도화와 시장 검증이란 팁스를 통해 개발한 기술을 상용화 단계로 연결하고, 이를 투자자들에게 명확히 입증하는 전략을 의미합니다. 구체적으로는 투자자들에게 신뢰를 줄 수 있는 실증 사례(PoC), 파일럿 테스트 결과 등 객관적인 검증 데이터를 확보해야 합니다.

이 과정에서 투자자들이 기술 검증을 위해 주목하는 핵심 요소는 다음과 같습니다.

- 실증 사례 확보 (PoC, 파일럿 테스트 등)
- 초기 매출 발생 여부
- 기술 성숙도(TRL: Technology Readiness Level)

즉, 투자자들은 실제 고객과의 테스트가 진행되었는지, 테스트 결과가 유의미한 성과로 이어졌는지 등 구체적인 검증 사례를 중점적으로 살펴봅니다. 이러한 테스트 결과가 긍정적이면 투자자는 향후 성장 가능성에 대해 더욱 낙관적으로 판단할 수 있습니다.

또한, 초기 매출 발생 여부도 매우 중요합니다. 기술이 실제로 시장에서 매출로 연결될 수 있다는 것을 빠르게 증명하면 투자자들에게 매우 매력적인 기업으로 비춰질 수 있습니다.

마지막으로 투자자는 해당 기술의 성숙도가 시장 진입 단계에 적합한 수준인지, 해당 기술이 상용화될 정도로 충분한 시장이 형성되었는지도 평가합니다. 아무리 기술이 뛰어나더라도 지나치게 경쟁이 치열한 레드오션 시장이거나, 아직 시장이 형성되지 않은 경우에는 매출 창출이 어렵기 때문입니다. 따라서 기술의 성숙도와 시장의 성숙도를 동시에 고려해 투자를 결정합니다.

후속 투자 유치를 목표로 하는 스타트업이라면, R&D가 완료된 후에도 지속적으로 PoC 및 파일럿 테스트를 진행하여 명확한 시장 검증 데이터를 확보하고 기술 성숙도를 높여야 합니다.

실제 성공적인 기술 고도화 및 시장 검증 사례는 다음과 같습니다.

- AI 기반 실버 헬스케어 스타트업 A사는 팁스 졸업 후 국립재
활원과 함께 PoC 실증 테스트를 진행했고, 요양병원 3곳에서
파일럿 프로젝트를 성공적으로 마쳐 시리즈 A에서 30억 원
규모의 투자를 유치했습니다.
- 자율주행 기술 스타트업 B사는 팁스 졸업 후 현대차와 PoC 계
약을 맺어 초기 매출을 발생시켰으며, 이후 스케일업 팁스 프
로그램에 참여하여 기술 고도화에 성공했습니다.

이와 같은 사례들은 팁스 졸업 이후 스타트업이 기술 고도화
와 시장 검증을 통해 효과적으로 후속 투자를 유치하는 모범
적인 예라고 할 수 있습니다.

(2) 명확한 비즈니스 모델 확립

이번에는 후속 투자 유치와 관련하여 '비즈니스 모델 확립'에
대해 살펴보겠습니다.

투자자의 관점에서 좋은 스타트업은 단순히 기술력만 뛰어
난 기업이 아니라, 기술을 통해 실제로 시장에서 매출을 창출
하고 수익을 올릴 수 있는 기업입니다. 즉, 기술의 우수성을
넘어 '돈을 벌 수 있는 구조'를 명확히 증명하는 것이 필수적
입니다.

후속 투자를 성공적으로 유치하기 위한 비즈니스 모델 전
략에서 핵심적으로 준비해야 하는 요소는 다음과 같습니다.

- 명확한 고객군 확보
- 현실적인 가격 정책 수립
- 지속 가능한 유통 채널 구축

이 세 가지 요소는 너무나 당연해 보일 수도 있지만, 실제로 많은 기술 기반 스타트업들이 고객군을 정확히 설정하지 못하거나, 가격 정책을 현실적으로 수립하지 못해 시장에서 어려움을 겪는 경우가 빈번합니다.

① 명확한 고객군 확보

고객군 확보는 스타트업의 수익 구조를 결정하는 핵심 요소입니다. B2B, B2C, B2G 등 대상 고객을 구체화한 뒤, 이를 구독형 모델, SaaS(서비스형 소프트웨어), 광고료, 중개료 등으로 명확히 설계해야 합니다.

예를 들어, B2C 고객을 대상으로 월 1만 원의 구독료를 받는 사업이라면, 연간 10억 원의 매출을 달성하려면 최소 8,333명의 정기구독자를 확보해야 합니다. 이 규모의 고객군을 지속적으로 유지하려면 고객관계관리(CRM)와 체계적인 마케팅 전략이 필수적입니다. 따라서 구독형 사업을 계획한다면 내부에서 고객 유치 및 유지 전략이 충분히 준비되어 있는지 투자자에게 입증해야 합니다.

② 현실적인 가격정책 수립

가격정책 수립은 매우 중요한 부분입니다. 초기 고객 확보를 위한 무료 체험 전략부터 본격적인 유료 서비스 전략까지 단계적으로 접근해야 하며, 온라인과 오프라인 유통 시 발생하는 마진 차이도 미리 고려해야 합니다. 특히 유통 채널이나 대리점을 통한 판매 시 수수료 구조에 따라 가격정책이 크게 달라질 수 있습니다.

예를 들어, 원가 5,000원인 제품을 온라인에서 1만 원에 판매할 때는 마진이 5,000원 발생합니다. 하지만 올리브영과 같은 오프라인 매장에 입점 시 공급률이 35%로 설정된다면 납품가는 3,500원으로 줄어들게 되어, 오히려 제품 하나를 팔 때마다 1,500원의 손해를 보는 구조가 됩니다. 따라서 투자자들은 제품이나 서비스를 판매하는 유통 채널에 따라 달라지는 마진율과 성장 가능성을 중점적으로 살펴보기 때문에 이를 구체적으로 준비해야 합니다.

③ 지속 가능한 유통 채널 구축

유통 채널은 크게 내부에서 직접 세일즈 조직을 운영하거나, 파트너사와 전략적 제휴를 통해 수수료 기반으로 영업을 위탁하는 방법으로 구축할 수 있습니다. 특히 글로벌 시장 진출을 목표로 하는 스타트업이라면 어떠한 해외 파트너와 제휴를 맺고 협력할지 미리 계획하고 투자자에게 제시하는 것이 매우 중요합니다.

비즈니스 모델을 명확하게 확립하기 위해서는 위의 세 가지 요소(고객군 확보, 가격정책 수립, 유통 채널 구축)를 기반으로 시장 규모와 매출 추정(TAM, SAM, SOM)을 구체화하고, B2B 계약서나 MOU, 구매의향서와 같은 증빙 자료를 통해 신뢰성을 높이는 전략이 필요합니다. 더불어 경쟁사 대비 차별화된 우위와 명확한 수익 구조를 입증할 수 있어야 합니다.

관련하여 성공적인 비즈니스 모델 적용 사례를 들자면,

- AI 보험 분석 스타트업 C사는 요양병원 및 실버타운 5곳과 구독형 SaaS 계약을 체결하여 명확한 비즈니스 모델을 확립했고, 이를 바탕으로 시리즈 A에서 50억 원 규모의 투자를 유치했습니다.
- 핀테크 스타트업 D사는 대형 카드사와의 전략적 협력을 통해 데이터 기반 맞춤형 대출 추천 플랫폼(B2B SaaS 모델)을 구축하여 시리즈 B에서 80억 원 규모의 후속 투자를 성공적으로 유치했습니다.

위의 사례들은 탄탄한 비즈니스 모델 확립을 통해 후속 투자 유치로 이어진 모범적인 예시라 할 수 있습니다. 스타트업 역시 비즈니스 모델을 정교하게 설계해 후속 투자로 연결하는 전략을 세우시기 바랍니다.

(3) 후속 투자 유치를 위한 네트워크 구축

이번에는 후속 투자 유치를 위한 네트워크 구축 방법에 대해 살펴보겠습니다. 후속 투자 유치를 위한 네트워크 구축이란 쉽게 말해 '어떤 투자자를 타깃으로 해야 하는가'에 대한 답을 찾는 과정이라고 할 수 있습니다.

팁스 졸업 이후의 후속 투자 유치를 성공적으로 이끌기 위해서는 **팁스 운영사의 네트워크, 정부의 후속 펀딩, 그리고 글로벌 벤처캐피탈(VC)과의 연결** 등을 적극적으로 활용할 필요가 있습니다.

특히, 팁스 이후 후속 투자 유치를 위한 효과적인 네트워크 활용 전략으로는 다음과 같은 방법들이 있습니다.

- 팁스 운영사의 네트워크 적극 활용
- 정부의 후속 펀딩 프로그램 활용
- 글로벌 VC와의 네트워크 구축 및 활용

위와 같은 전략을 통해 팁스 졸업 이후 후속 투자 유치를 위한 네트워크를 효과적으로 구축할 수 있습니다. 우선 팁스 운영사의 네트워크를 적극적으로 활용하는 것은 이미 초기 시드 투자를 받은 관계를 기반으로 후속 투자를 이끌어내는 현명한 전략입니다. 실제로 많은 액셀러레이터(AC)와 운영사들이 시드 단계 이후에도 Pre-A 또는 시리즈 A까지 후속 투자를 연계하는 경우가 많기 때문에, 기존 투자자와의 관계를 적극적으로 유지하며 성장성을 지속적으로 보여주는 것이 중요합니다.

또한 정부의 후속 펀딩을 활용할 때는 **스케일업 팁스, 글로벌 팁스, 미래 유니콘 프로그램** 등 다양한 프로그램을 전략적으로 활용할 수 있으며, 이에 대해서는 다음 장에서 더욱 구체적으로 살펴보겠습니다.

마지막으로 글로벌 VC와의 연계는 해외 시장 진출을 목표로 하는 스타트업에게 매우 중요한 요소입니다. 해외 투자자와 접촉할 때는 단순히 기다리는 것이 아니라, 보다 적극적인 전략을 수립하여 미리 글로벌 VC와의 네트워크를 구축해두는 것이 필요합니다. 글로벌 VC와 효과적으로 네트워크를 구축하기 위해 다음과 같은 전략을 고려할 수 있습니다.

- 글로벌 VC 네트워크가 있는 팁스 운영사 활용
- 정부의 글로벌 펀딩 프로그램 활용
- 글로벌 스타트업 이벤트 및 데모데이 참여
- 해외 액셀러레이터 프로그램 활용
- 글로벌 VC들이 주목하는 스타트업 플랫폼 활용

각 전략을 하나씩 자세히 살펴보겠습니다.

① 글로벌 VC 네트워크가 있는 팁스 운영사 활용

글로벌 투자 유치를 목표로 하는 스타트업이라면 팁스 운영사의 글로벌 VC 네트워크를 적극적으로 활용하는 것이 좋습니다. 팁스 운영사 중에는 국내 VC뿐만 아니라 해외 투자자와 긴밀한 관계를 유지하는 곳이 많습니다.

예를 들어, 미래에셋벤처투자나 소프트뱅크벤처스는 글로벌 투자 네트워크가 매우 강한 VC로 알려져 있습니다. 또한, 스파크랩, 퓨처플레이는 해외 투자자와 적극적으로 연결해주는 프로그램을 운영하고 있으며, 프라이머, 매쉬업엔젤스 등도 초기 투자 이후 해외 투자자와의 연계를 활발히 시도합니다. 씨엔티테크 역시 글로벌 투자 프로그램을 통해 스타트업이 해외 투자자와 연결될 수 있도록 적극적으로 지원하고 있습니다.

② 정부의 글로벌 펀딩 프로그램 적극 활용

정부가 제공하는 글로벌 펀딩 프로그램을 활용하여 해외 투자자에게 신뢰를 줄 수 있는 네트워크를 구축할 수 있습니다. 대표적인 프로그램은 다음과 같습니다.

- **글로벌 팁스**: 해외 시장 진출 지원으로 최대 6억 원 지원
- **미래 유니콘 프로그램**: 해외 투자 유치 기업 대상으로 최대 300억 원 지원
- **KOTRA 스타트업 글로벌 진출 지원 프로그램**: 해외 투자자 네트워크 구축 지원
- **중소벤처기업부 해외 투자유치 IR 프로그램**: 미국, 유럽 등 해외 투자자 대상 피칭 지원

이러한 정부 프로그램을 통해 해외 투자자와의 직접적인 연결과 실질적인 투자 유치로 연결할 수 있는 네트워크를 만들 수 있습니다.

③ 글로벌 스타트업 이벤트 및 데모데이 참여

글로벌 스타트업 이벤트와 데모데이에 참여하면 현장에서 해외 투자자와 직접 네트워크를 구축할 수 있습니다. 주요 행사로는 다음과 같은 것들이 있습니다.

- **CES (미국 라스베이거스)**: 전자, AI, 로봇, 헬스케어 분야 투자자 참여
- **TechCrunch Disrupt (미국 샌프란시스코)**: 실리콘밸리 중심의 테크 스타트업 투자자 참여
- **Slush (핀란드 헬싱키)**: 유럽 주요 VC 및 글로벌 투자자 참여
- **VivaTech (프랑스 파리)**: 유럽 및 글로벌 투자자와의 미팅 가능
- **Web Summit (포르투갈 리스본)**: 글로벌 스타트업과 VC의 최대 규모 행사

이런 행사에 참여할 때는 무작정 방문하는 것보다 사전에 행사에 참여하는 VC 리스트를 확보하여 링크드인이나 이메일로 미리 미팅을 신청하는 것이 좋습니다. 또한, 해외 VC의 관심을 끌 수 있도록 미리 영문 사업계획서(IR DECK)를 준비하고, 데모데이에 참가 신청을 하는 것도 적극적인 전략입니다.

④ 해외 액셀러레이터 프로그램 활용

국내 액셀러레이터 프로그램과 마찬가지로 해외 액셀러레이터 프로그램을 활용하면 글로벌 VC와 자연스럽게 연결되고, 해외 시장 진출 전략까지 지원받을 수 있습니다.

대표적인 글로벌 액셀러레이터 프로그램은 다음과 같습니다.

- 와이콤비네이터 (Y Combinator)
- 500 스타트업 (500 Startups)
- 플러그앤플레이 (Plug and Play)
- 테크스타즈 (Techstars)

이러한 프로그램을 성공적으로 수행하면 글로벌 투자자 네트워크를 확보할 수 있으며, 후속 투자 유치 가능성을 크게 높일 수 있습니다.

⑤ 글로벌 VC가 주목하는 스타트업 플랫폼 활용

글로벌 VC가 자주 참고하는 스타트업 플랫폼을 통해 해외 투자자에게 직접 접근하는 방법도 있습니다. 대표적인 스타트업 플랫폼으로는 다음과 같은 서비스가 있습니다.

- Crunchbase: 글로벌 스타트업 정보 및 투자 유치 이력 확인
- AngelList: 실리콘밸리의 초기 단계 투자자들이 활발히 활동하는 플랫폼
- PitchBook: 글로벌 투자 트렌드 및 VC 관련 리포트 제공
- Dealroom: 유럽 지역 스타트업과 VC의 주요 정보 제공 플랫폼

이러한 플랫폼에 기업의 프로필을 등록하고 영문 사업계획서를 업로드하면 글로벌 VC들이 스타트업의 정보를 접할 수 있어 해외 투자 유치 기회가 생길 수 있습니다.

2장.

글로벌 진출 프로그램

이번 장에서는 팁스 졸업 기업이 글로벌 시장 진출을 목표로 할 때 활용할 수 있는 여러 지원 프로그램에 대해 알아보겠습니다. 팁스 및 딥테크 팁스를 졸업한 기업들이 효과적으로 활용할 수 있는 주요 글로벌 지원 프로그램으로는 크게 **창업사업화 및 해외 마케팅 지원 사업, 글로벌 팁스, 코트라 해외지사화 사업, 글로벌 ICT 미래유니콘 육성사업** 등이 있습니다.

창업사업화 및 해외 마케팅 지원 사업은 팁스 및 딥테크 팁스 졸업 기업이 해외 진출을 위한 초기 시장 개척을 위해 최대 10개월간 1억 원을 지원받을 수 있는 프로그램입니다. **글로벌 팁스**는 2024년에 신설된 프로그램으로, 해외 벤처캐피탈(VC)의 투자를 유치한 기업을 대상으로 최대 3년 동안 6억 원을 지원하여 글로벌 스케일업을 돕습니다. **코트라 해외지사화 사업**은 해외 바이어 및 투자자와의 연결, 현지 법인 설립 등을 지원합니다. 마지막으로 **글로벌 ICT 미래유니콘 육성사업**은 성장 가능성이 높은 기업의 대규모 투자 유치 및 IPO 준비를 위해 최대 300억 원까지 지원하는 프로그램입니다.

지금부터 각각의 프로그램을 구체적으로 살펴보겠습니다.

(1) 글로벌 지원 프로그램: 팁스 창업사업화 및 해외 마케팅

팁스 프로그램을 졸업한 기업이 해외 시장 진출을 위해 초기에 시장을 개척하고 글로벌 네트워크 확보를 지원받을 수 있는 대표적인 후속 지원 프로그램입니다. 일반적으로 팁스 졸업 기업들이 후속으로 많이 신청하는 프로그램이며, 창업사업화와 해외 마케팅으로 나누어져 있어 두 가지 프로그램을 중복으로 수혜할 수도 있습니다.

프로그램 개요
- 팁스 및 딥테크 팁스 졸업 기업을 대상으로 해외 진출을 목표로 하는 스타트업을 지원하는 프로그램입니다.
- 크게 창업사업화와 해외 마케팅 지원 사업으로 구분되며, 두 프로그램을 중복하여 지원받을 수 있습니다.
- 해외 시장 개척, 글로벌 네트워크 구축, 해외 투자 유치 등을 주요 목표로 운영됩니다.

지원 내용

지원금	최대 1억 원 (정부 지원 70%, 기업 사부담 30%)
지원 기간	최대 10개월
지원 대상	팁스(TIPS) & 딥테크 팁스(Deep Tech TIPS) 선정 기업
지원 내용	해외 시장 개척, 글로벌 네트워크 확보, 현지화 전략 수립, 해외 마케팅 등
활용 가능 지역	미국, 유럽, 동남아, 일본, 중국 등

이처럼 글로벌 지원 프로그램은 팁스 또는 딥테크 팁스를 졸업한 기업이 창업사업화 및 해외 마케팅을 통해 최대 2억 원 (각 사업별 1억 원)의 지원을 받을 수 있는 프로그램입니다.

글로벌 지원 프로그램 신청 조건

이 프로그램에 지원하기 위해서는 다음의 조건을 충족해야 합니다.

- 사업 개시일로부터 7년이 지나지 않은 팁스(TIPS) 선정 기업
- 해외 마케팅 사업의 경우 다음 유형 중 하나 이상의 조건을 만족해야 합니다.
  - **해외 투자 유치형**: 킥스타터, 인디고고 등 글로벌 크라우드 펀딩 플랫폼에서 5만 달러 이상 투자 유치
  - **해외 콘테스트형**: 글로벌 창업 경진대회 본선 진출 이상의 경험 보유
  - **수출 중심형, 해외 창업형, 융복합 진출형** 등 목적에 부합하는 실적이나 계획을 제시

효과적인 글로벌 지원 프로그램 활용법

글로벌 지원 프로그램을 효과적으로 활용하기 위해서는 다음과 같은 전략을 수립할 필요가 있습니다.

- 해외 진출 타깃 시장(미국, 유럽, 동남아 등)을 명확히 설정하고 시장 조사를 먼저 진행할 것
- 현지 법인 설립 또는 현지화 전략 수립 시 필요한 법률 자문, 특허 출원, 규제 대응을 이 프로그램의 지원금을 활용하여 진

행할 것
- 해외 투자자나 주요 고객사를 발굴해 글로벌 피칭 및 파트너십을 확보할 것

글로벌 지원 프로그램 활용 성공 사례
- AI 기반 실버 헬스케어 스타트업 A사는 창업사업화 프로그램을 통해 미국 현지 법인을 설립하고 FDA 인증을 획득하여 미국 진출에 성공했습니다.
- 핀테크 스타트업 B사는 해외 마케팅 프로그램을 활용하여 싱가포르 및 일본 진출을 위한 현지화 전략을 수립하고 글로벌 벤처캐피탈(VC)과의 네트워크를 구축했습니다.

이러한 전략적 활용 사례를 통해 글로벌 지원 프로그램이 팁스 졸업 기업의 글로벌 시장 진출에 얼마나 효과적인 발판이 될 수 있는지 확인할 수 있습니다.

(2) 글로벌 팁스(Global TIPS)

다음으로는 2024년 신설된 '**글로벌 팁스**' 프로그램에 대해 살펴보겠습니다. 글로벌 팁스는 중소벤처기업부가 해외 벤처캐피탈(VC)로부터 투자를 유치한 유망 창업기업의 글로벌 시장 진출을 적극 지원하기 위해 마련한 프로그램으로, 개요와 지원 내용은 다음과 같습니다.

프로그램 개요

- **지원 대상:** 해외 벤처캐피탈로부터 20만 달러 이상 투자받고 해외 법인 설립을 희망하는 창업기업
- **지원 규모:** 연간 약 20개 기업 내외 선정 (2025년부터는 연간 30개로 확대 예정)

지원 내용 및 조건

구분	지원 내용
사업화 자금 지원	최대 2억 원(평균 1.8억 원) 지원
사업화 지원 항목	시제품 제작, 지식재산권(IP) 확보, 사업모델 개선 등에 소요되는 사업화 자금
현지 진출 프로그램	실무 교육, 멘토링, 글로벌 네트워킹, 후속 투자 유치
지원 조건	해외 VC로부터 최소 20만 달러 이상의 투자 유치 필수
협약기간	최초 10개월 이내 협약 체결, 사업 수행 기간은 최대 3년이며, 선정 이후 성과 평가를 통해 1년 단위로 연장 가능

글로벌 팁스는 기본적으로 창업 7년 이내 기업이 해외 벤처캐피탈로부터 최소 20만 달러 이상 투자를 유치했을 때 지원 대상이 됩니다. 다만, 신산업 분야의 창업기업은 창업 후 10년 이내까지 지원 가능하며, 신청 시점에서 최근 3년 이내 해외 법인을 이미 설립했거나, 미설립 상태라면 1차 연도 협약 종료 이전까지 해외 법인을 반드시 설립해야 합니다.

이때 투자 조건에서 언급하는 해외 벤처캐피탈(VC)은 다음과 같은 기준을 충족해야 합니다.

- 본사의 소재지가 대한민국이 아닌 국외 기업일 것

- 최근 3년 이내 해외 펀드 운용 실적을 보유한 VC일 것
- 한국 내 지사 또는 사무소를 보유하거나 글로벌 펀드에 출자한 해외 VC의 경우 우대 조건 적용 가능
- 기존 지분을 인수할 경우 신규 투자가 전체 투자금액의 50% 이상일 때, 합산하여 20만 달러를 초과하면 조건 충족

글로벌 팁스에 선정되면 초기 1차 연도에는 시제품 제작, 지식재산권(IP) 확보, 사업모델 개선 등을 위한 사업화 자금으로 최대 2억 원을 지원받을 수 있습니다. 이후 2차 및 3차 연도에는 사업 성과 평가를 통해 추가 지원 여부를 결정하며, 최종적으로 최대 6억 원까지 지원 가능합니다.

창업기업은 글로벌 팁스를 통해 사업화 자금뿐만 아니라 글로벌 시장 진출에 필요한 실무 교육, 전문가 멘토링, 글로벌 네트워킹, 후속 투자 유치 지원 등을 종합적으로 받을 수 있습니다. 이를 통해 글로벌 시장에서의 경쟁력을 강화하고 안정적으로 스케일업할 수 있는 기반을 마련할 수 있습니다.

(3) 코트라(KOTRA) 해외지사화 사업

이번에는 KOTRA(대한무역투자진흥공사)가 스타트업의 해외 시장 개척을 위해 직접 지원하는 프로그램인 '코트라 글로벌 스타트업 프로그램'을 살펴보겠습니다. 이 사업은 해외에 지사를 설치할 여력이 부족한 중소·중견기업을 대신하여 KOTRA가 현지 지사 역할을 수행하며, 수출 및 해외 진출을 효과적으로 지원하는 프로그램입니다.

개요

- 팁스(TIPS) 선정 여부와 관계없이 해외 진출을 희망하는 모든 스타트업 대상
- KOTRA의 글로벌 네트워크를 활용한 해외 투자 유치, 현지 바이어 연결, 법인 설립 등 지원

지원 대상

- 국내 사업자등록번호를 보유한 중소·중견기업

지원 내용

항목	내용
지원 방식	현지 네트워크 연결, 해외 바이어·투자자 매칭
대상 기업	글로벌 진출을 원하는 스타트업 (팁스 선정 여부 무관)
지원 국가	미국, 유럽, 일본, 중국, 동남아시아, 중동 등 주요 글로벌 시장
주요 프로그램	해외 IR 피칭, 스타트업 액셀러레이팅, 현지 법률·특허·세무 지원

위에서 살펴본 바와 같이, 코트라의 글로벌 스타트업 지원 프로그램은 팁스 졸업 기업뿐만 아니라 글로벌 진출을 희망하는 모든 스타트업이 참여할 수 있습니다. 이 프로그램에 선정되면 스타트업 액셀러레이팅을 비롯하여 해외 IR 피칭 기회를 얻을 수 있어, 글로벌 진출과 투자 유치를 목표로 하는 기업에 매우 유용한 지원 사업이라 할 수 있습니다.

이 프로그램을 효과적으로 활용하려면, 현지 바이어 및 파트너사 매칭을 통해 해외 진출의 발판이 될 현지 네트워크를 우선 확보해야 합니다. 또한, 해외 IR 및 데모데이 참여를 통해

글로벌 VC와 액셀러레이터와 적극적으로 연결될 기회를 마련하는 것이 중요합니다. 법인 설립 과정에서는 해외 현지 법률, 세무 및 컨설팅 지원을 적극적으로 받는 전략이 필요합니다.

지원 내용을 구체적으로 살펴보면, 진입 단계, 발전 단계, 확장 단계의 총 3단계로 나누어 체계적인 지원이 이루어지는데, 이는 스타트업이 각 성장 단계에서 필요로 하는 지원을 적기에 제공하기 위한 것입니다.

구분	진입단계	발전단계	확장단계
지원 기간	6개월	6개월	9개월
기업부담금	70만 원	240만 원	600만 원
정부지원금	230만 원	960만 원	1,800만 원
총 사업비	300만 원	1,200만 원	2,400만 원
정부지원비율	77%	80%	75%

단계별 코트라 지원금과 기업 부담금

각 단계별 구체적인 지원 내용을 살펴보겠습니다.

진입단계는 기초 시장조사, 잠재 바이어 조사, 네트워크 교류, 기초 홍보자료의 현지어 번역, 시범 판매 등을 통해 시장성을 검증하는 단계입니다. 지원 기간은 총 6개월이며, 사업비는 총 300만 원이 투입됩니다.

발전단계에서는 수출 성사 지원, 전시 상담회 참가 지원, 물류 및 통관 자문, 출장 지원, 기존 거래선 관리, 현지 유통망 입점, 인허가 취득 지원, 브랜드 홍보, 프로젝트 참여, IP 등록 지원, 현지 법인 설립 지원 등을 포함하여 6개월간 총 1,200만 원

215

규모로 지원이 진행됩니다.

확장단계의 경우 현지 투자 지원, 법률 자문, 기술 수출 및 제휴 지원, 기술 프로젝트 참가 지원, 현지 법인 설립 지원, 자금 유치 액셀러레이팅, 글로벌 밸류체인 진출 지원, 기술 라이센싱 및 IP 전략 지원 등 스타트업의 글로벌 성장을 위한 다양한 맞춤형 프로그램을 운영합니다. 총 사업 기간은 9개월이며, 지원 규모는 2,400만 원입니다.

KOTRA의 글로벌 지원 사업을 잘 활용한 실제 사례는 다음과 같습니다.

자율주행 스타트업 사례

코트라의 지원을 통해 현지에서 IR 피칭 및 투자 유치를 성공적으로 진행한 사례가 있습니다. 예를 들어, 국내의 한 자율주행 스타트업은 KOTRA의 글로벌 지원 사업을 활용하여 독일에 현지 법인을 설립하고 유럽 내 자동차 제조사들과 전략적 파트너십을 체결하며 글로벌 시장 진출을 성공적으로 수행한 바 있습니다.

바이오 스타트업 사례

다른 예로, 헬스케어 분야의 스타트업이 KOTRA와 협력하여 싱가포르 헬스케어 전시회 참가를 통해 아시아 지역 주요 헬스케어 바이어와 협력 관계를 구축하고, 아시아 시장에 자사 제품을 성공적으로 진출시키는 성과를 거두기도 했습니다.

한편, KOTRA 글로벌 지원 사업은 팁스 졸업 기업뿐만 아니라 일반 기업에게도 개방되어 있습니다. 그러나 특히 팁스 기업의 경우, 이미 기술력을 검증받고 글로벌 확장을 준비하는 기업들이 많아 이 과정에서 코트라의 프로그램을 효과적으로 활용할 수 있습니다.

팁스의 궁극적인 목표는 기술 기반 스타트업이 글로벌 시장으로 나아가는 데 있습니다. 따라서 팁스를 졸업한 기업들은 해외 진출을 준비하거나 글로벌 파트너십을 구축할 필요성이 큰데요. 이 과정에서 KOTRA의 글로벌 네트워크 및 전문적이고 체계적인 지원 프로그램이 큰 도움이 될 수 있습니다.

팁스 졸업 기업들은 보통 기술 R&D 중심의 경쟁력을 갖추고 있기 때문에 KOTRA의 현지 네트워크 지원을 통해 기술을 실제 글로벌 시장에서 성공적으로 상용화하거나, 효과적인 투자 유치를 통해 글로벌 시장 진입을 촉진할 수 있을 것입니다.

참고로 KOTRA의 글로벌 지원 사업은 팁스 졸업 기업뿐만 아니라 일반 기업도 지원할 수 있습니다. 그럼에도 팁스 후속 프로그램으로 KOTRA의 글로벌 지원 사업을 추천하는 이유는, 팁스 선정 기업이 이미 글로벌 시장 진출과 확장을 목표로 기술을 개발해왔기 때문입니다. 따라서 팁스를 졸업한 기업은 해외 진출 단계에서 KOTRA가 제공하는 글로벌 네트워크를 적극적으로 활용하면 더 큰 시너지를 낼 수 있습니다.

팁스 프로그램을 졸업한 기업들은 기술 연구개발(R&D)을 통해 우수한 기술력을 갖추었으나, 해외 시장에서 실질적으로 비즈니스를 확장하려면 현지 네트워크 구축, 고객사 발굴, 바이어 매칭 및 현지 법인 설립과 같은 전문적인 지원이 필수적입니다. 이러한 지원을 KOTRA가 단계별로 제공하고 있으므로, 팁스 졸업 기업들에게는 더욱 유용한 후속 지원 프로그램이 될 수 있습니다.

(4) 글로벌 ICT 미래 유니콘 육성(ICT Growth) 사업

이번에는 팁스를 졸업하고 시리즈 A~B 투자 유치를 마친 스타트업이 다음 단계의 스케일업을 위해 활용할 수 있는 대규모 지원 프로그램인 '글로벌 ICT 미래 유니콘 육성(ICT Growth) 사업'을 소개하겠습니다. 이 프로그램은 정보통신산업진흥원(NIPA)이 주관하며, 글로벌 시장에서 성장 잠재력이 높은 ICT 분야의 유망 중소기업을 발굴하여 유니콘 기업(기업가치 1조 원 이상)으로 도약할 수 있도록 돕는 사업입니다.

개요
- 시리즈 A~C 투자를 유치한 스타트업에 대규모 성장 자금을 지원하여 글로벌 유니콘 기업으로 도약할 수 있도록 지원
- 정부 보증과 민간 투자 연계를 통한 복합 방식으로 운영
- 지원 규모 : 연간 약 15개사 내외 선정

지원 자격
- ICT 또는 ICT 기반 융복합 분야를 영위하는 중소기업으로서, 공고일 기준 법인 설립 후 최근 3년 이내 국내외 기관투자자로부터 20억 원 이상의 투자를 받은 기업이거나 최근 3개년 매출이 연평균 20% 이상 증가한 기업

지원 내용

항목	내용
지원금	최대 50억 원 규모(정부 보증+민간 투자 연계 방식)
지원 방식	정부 보증 기반 금융 지원 및 민간 투자 연계
지원 대상	시리즈 A~C 투자 유치 스타트업
지원 목적	글로벌 확장, 대규모 스케일업, IPO 준비 지원

주요 지원 내용을 좀 더 구체적으로 살펴보면, 크게 글로벌 진출 지원, 금융지원 연계, 민간 투자 연계, 창업·벤처 지원 유관기관 연계로 나뉘어 있습니다.

우선 **글로벌 진출 지원**은 해외 진출 전략 수립 및 현지화 프로그램 운영으로 구성되어 있습니다. 과학기술정보통신부 산하의 해외거점(KIC 등)을 통해 현지 맞춤형 교육, 제품 및 시장의 적합성 검증, 현지 벤처캐피탈(VC)과 정부기관 등과의 네트워크 구축을 지원합니다.

금융지원 연계는 기업의 자금 조달과 유동성을 지원하는 프로그램입니다. 신용보증기금의 보증심사를 통해 최대 3년간 운전자금 50억 원의 보증 한도를 제공하며, 각 연차 심사 결과에 따라 보증과 대출 지원이 이루어집니다. 또한 유동화회사보증 편입 추천, 보증 연계 투자 추천 등 기업의 자금조달 환경 개선을 위한 다각적 금융 지원을 제공합니다.

민간 투자 연계에서는 한국IT펀드(KIF), 벤처기업협회, 벤처캐피탈협회 등과의 협력을 통해 잠재 투자자들을 대상으로 투자설명회를 개최하고, 대기업·엑셀러레이터·VC 등 민간 투자자들과 직접 연결되는 IR 피칭 참여 기회를 제공합니다.

마지막으로 **창업·벤처 지원을 위한 유관기관 연계**의 경우,

한국거래소(KRX)와 협력하여 기업 상장 및 인수합병(M&A)을 위한 교육을 제공하며, KSM(KRX Startup Market) 등록 지원 및 M&A 전략 교육을 실시합니다. 서울보증보험과 협력해 이행보증보험 보증 한도 확대 및 보험료 할인 등 실질적인 기업 지원도 이뤄집니다.

아래는 글로벌 ICT 미래 유니콘 육성 사업을 잘 활용한 사례입니다.

- 바이오 스타트업 E사는 이 사업을 활용해 글로벌 제약사와 협력을 추진하며, 시리즈 C 투자(250억 원)를 성공적으로 유치했습니다.
- 핀테크 스타트업 F사는 이 사업을 통해 글로벌 확장을 위한 연구개발(R&D) 자금을 확보하여, 현재 IPO(기업공개)를 준비 중입니다.

이러한 성공 사례를 참고하여 전략적으로 활용한다면 기업 성장에 큰 도움이 될 수 있을 것입니다.

3장.

스케일업 지원 프로그램

이번 장에서는 팁스 프로그램을 성공적으로 졸업한 기업이 한 단계 더 성장할 수 있도록 마련된 다양한 지원 프로그램을 살펴보겠습니다. 포스트 팁스(Post-TIPS), 스케일업 팁스(Scale-up TIPS)를 비롯해 K-유니콘 프로젝트, Pre-유니콘 특별보증, 산업기술 R&D 지원 프로그램까지 차례로 알아보겠습니다. 앞서 팁스 프로그램 이후의 후속 투자 유치 및 글로벌 진출 프로그램에 대해 설명드렸다면, 이번에는 기업의 본격적인 확장과 스케일업 지원 프로그램에 초점을 맞추겠습니다.

(1) 포스트 팁스(Post-TIPS)

먼저, 포스트 팁스(Post-TIPS)에 대해 알아보겠습니다. 포스트 팁스는 중소벤처기업부가 주관하는 프로그램으로, 팁스 프로그램을 성공적으로 졸업한 창업기업의 지속적 성장을 돕기 위해 마련되었습니다. 기업의 본격적인 스케일업(Scale-up)과 성공적인 엑시트(EXIT)에 중점을 둔 지원 프로그램으로, 전문성을 갖춘 주관 기관들이 체계적이고 실질적인 프로그램을 운영하고 있습니다.

대표적인 운영 기관으로는 한국과학기술연구원(KIST), 한국벤처캐피탈협회(KVCA) 등이 있습니다.

포스트 팁스 개요

- **지원 대상:** 팁스 R&D를 완료하고 성공 판정을 받은 창업 후 7년 이내 기업
- 후속 투자 유치 금액이 100억 원 미만인 기업
- **지원 기간:** 최대 18개월
- **사업화 자금 지원 규모:** 최대 5억 원(평균 3.3억 원 내외)

   ※ 총 사업비의 30%는 기업 자부담

구분	포스트 팁스(Post-TIPS)
운영 기관	한국과학기술연구원(KIST), 한국벤처캐피탈협회(KVCA) 등
지원 대상	팁스(TIPS), 딥테크 팁스(Deep Tech TIPS) 졸업 기업
지원 목적	창업기업의 스케일업 및 엑시트(EXIT) 성공 지원
지원 내용	- 기업 맞춤형 컨설팅 및 멘토링 제공 - 기업의 성장(스케일업) 지원 프로그램 운영 - 인수합병(M&A), 기업공개(IPO) 등 엑시트 지원
지원 방식	- 전문 주관 기관의 맞춤형 컨설팅·멘토링 운영
지원 금액	프로그램 특성에 따라 상이
운영 방식	기업의 성장 단계에 맞는 맞춤형 프로그램 제공
활용 목적	- 성장 전략 수립 및 기업 경쟁력 강화 - 성공적인 엑시트(IPO, M&A) 모델 구축

적합 기업 유형	팁스 졸업 후 빠른 스케일업과 엑시트를 목표로 하는 기업
연계 가능 프로그램	글로벌 팁스, KOTRA 글로벌 지원, 미래 유니콘 프로그램 등과 연계 가능

포스트 팁스 지원 상세내용

포스트 팁스 프로그램은 주로 다음과 같은 세부 지원 프로그램을 운영합니다.

- 스케일업 맞춤형 지원 프로그램:
  기업의 빠른 성장을 위한 컨설팅과 멘토링을 맞춤형으로 제공하고, 유관 분야 전문가 및 투자자와의 네트워킹을 지원합니다.
- 대·중견기업 오픈 이노베이션 프로그램:
  대기업 및 중견기업과의 협업을 통해 창업기업이 기술 개발, 신시장 개척 등에서 실질적인 성과를 거둘 수 있도록 지원합니다.
- 글로벌 시장 진출 지원 프로그램:
  해외 진출을 목표로 하는 기업에게 글로벌 시장 진출 전략 수립, 제품 및 서비스 현지화, 해외 파트너 및 네트워크 연계 등 실질적이고 구체적인 지원을 제공합니다.

포스트 팁스 프로그램은 단순 자금 지원의 틀을 넘어, 창업기업이 본격적으로 국내외 시장에서 스케일업을 달성하고 혁신을 이루도록 체계적이고 전문적인 지원을 아끼지 않는 프로그램이라 할 수 있습니다.

(2) 스케일업 팁스(Scale-up TIPS)

앞서 살펴본 포스트 팁스(Post-TIPS)가 팁스 프로그램을 졸업한 모든 창업기업을 대상으로 하는 프로그램이라면, 스케일업 팁스는 제조 및 하드웨어 기반의 기술집약형 중소벤처기업을 중점적으로 지원하는 프로그램입니다. 특히 민간 투자를 기반으로 정부의 매칭 투자와 R&D 지원을 결합하여 기업의 스케일업을 돕는 민관협력형 기술사업화 프로그램으로 이해하면 좋겠습니다.

스케일업 팁스는 민간 전문회사를 운영사로 선정하여 해당 운영사의 투자 역량과 기업 보육 역량을 활용하는 방식으로 운영됩니다. 기업의 기술 개발 및 후속 성장을 실질적으로 지원하기 위해 민간 투자사와의 협력, 연구개발(R&D) 지원 등보다 구체적이고 전문적인 방식으로 운영됩니다.

스케일업 팁스 개요
- 지원 대상
  - 제조 및 하드웨어 기반 기술집약형 중소벤처기업
  - 민간 투자자로부터 일정 규모 이상의 투자를 유치한 기업
- 지원 내용
  - 민간 선행 투자와 정부의 매칭 투자 연계 지원
  - 출연 R&D(연구개발) 자금 지원

구분	스케일업 팁스(Scale-up TIPS)
운영 기관	중소벤처기업부(MSS), 민간 전문 운영사
지원 대상	제조 및 하드웨어 기반의 기술집약형 중소벤처기업

지원 목적	민간 투자 연계 및 R&D 지원을 통한 기업의 스케일업
지원 내용	- 민간 선행 투자에 따른 정부 매칭 투자 지원 - 기술혁신을 위한 연구개발(R&D) 지원
지원 방식	민간 전문회사를 운영사로 선정하여 기업 선별, 보육 및 투자 연계
지원 금액	민간 투자 금액에 따라 정부가 매칭 투자 또는 출연 R&D 형태로 지원
운영 방식	민간 투자사의 선별 투자 후 R&D 자금을 연계 지원
활용 목적	- 기술 개발 및 시장 진입을 위한 스케일업 지원 - 후속 투자 유치 촉진
적합 기업 유형	제조, 하드웨어, 딥테크 기반 기술 개발과 투자 유치를 결합하여 성장하고자 하는 기업
연계 가능 프로그램	글로벌 팁스, 정부 R&D 과제, 미래 유니콘 프로그램 등과 연계 가능

스케일업 팁스 지원 상세내용

스케일업 팁스는 특히 제조·하드웨어 분야 중소벤처기업을
대상으로, 민간 투자와 정부의 매칭 투자 또는 출연 R&D를 결
합한 형태로 지원합니다. 예를 들어, 민간 운영사가 특정 기업
에 10~20억 원 규모의 선행 투자를 집행하면, 정부는 모태펀
드의 R&D 펀드를 통해 추가적인 매칭 투자로 지원을 보완하
는 방식입니다. 또한 출연 R&D 지원은 선정된 기업에 대해 3
년간 최대 12억 원 규모의 기술혁신 R&D 자금을 제공하여 기
업의 기술력 강화 및 혁신 역량 향상을 돕습니다.

민간 전문 운영사는 기업 선별 및 초기 투자를 진행하고 보
육을 담당하며, 정부는 운영사가 추천한 기업 중 적합한 기업
을 선발하여 매칭 투자 및 R&D 지원을 제공합니다. 운영사는

투자 후에도 기업과 긴밀하게 협력하여 R&D 및 매칭 투자 과제 수행 과정을 모니터링하는 역할을 합니다.

이처럼 스케일업 팁스는 초기 자금 부족, 전문 인력 확보의 어려움, 기술 고도화 및 시장 진입 장벽 등으로 성장 한계를 겪는 기술집약형 중소벤처기업에 실질적인 도움을 제공하는 프로그램입니다.

포스트 팁스와 스케일업 팁스의 비교 정리

다음 표를 통해 포스트 팁스와 스케일업 팁스를 간략히 비교해 볼 수 있습니다.

운영 기관	한국과학기술연구원(KIST), 한국벤처캐피탈협회(KVCA) 등	중소벤처기업부(MSS), 민간 전문 운영사
지원 대상	팁스(TIPS) 또는 딥테크 팁스(Deep Tech TIPS) 졸업 기업	제조 및 하드웨어 기반 기술집약형 중소벤처기업
지원 목적	창업기업의 전반적 성장과 엑시트(EXIT) 지원	민간 투자 연계 및 R&D 지원을 통한 기업의 스케일업
지원 내용	- 맞춤형 컨설팅 및 멘토링 제공 - M&A, IPO 등 엑시트 지원	- 민간 선행 투자에 따른 정부 매칭 투자 - 기술혁신을 위한 R&D 지원
지원 금액	최대 5억 원(평균 3.3억 원) 사업화 자금 지원	민간 투자 연계로 매칭 투자 및 R&D 지원 (최대 3년, 12억 원 내외)
운영 방식	성장 단계별 맞춤형 지원 프로그램 제공	민간 투자사의 선별 투자 및 R&D 지원
활용 목적	- 성장 전략 수립 및 엑시트 모델 구축	- 기술 개발 및 후속 투자 유치
적합 기업 유형	팁스 졸업 후 빠르게 스케일업하고 엑시트(IPO, M&A)를 목표로 하는 기업	제조, 하드웨어, 딥테크 기반 기술 개발과 투자를 함께 연계하고자 하는 기업
연계 가능 프로그램	글로벌 팁스, KOTRA 글로벌 지원, 미래 유니콘 프로그램 등	글로벌 팁스, 정부 R&D 과제, 미래 유니콘 프로그램 등

정리하자면, 포스트 팁스와 스케일업 팁스는 모두 팁스 프로그램을 성공적으로 졸업한 기업들이 추가적인 성장을 위해 활용할 수 있는 후속 지원 프로그램입니다. 포스트 팁스가 창업기업의 전반적인 성장과 더불어 IPO, M&A 등 엑시트(EXIT)를 위한 전략적인 지원을 제공한다면, 스케일업 팁스는 제조·하드웨어 기반의 기술집약형 중소벤처기업을 중심으로 민간 투자와 정부의 매칭투자, 연구개발(R&D) 자금 지원을 결합하여 스케일업을 돕는 데 특화되어 있다는 차이가 있습니다.

따라서 팁스를 성공적으로 졸업한 창업 후 7년 이내의 기업은 포스트 팁스를 통해 최대 5억 원 규모의 사업화 자금을 바탕으로 맞춤형 컨설팅, 대·중견기업과의 오픈 이노베이션 프로그램 참여, 글로벌 진출 전략 지원 등을 받을 수 있습니다. 이후 추가 성장을 희망하는 제조·하드웨어 기반의 기술집약형 중소벤처기업이라면 스케일업 팁스를 통해 민간 투자 연계형 매칭 투자와 정부의 연구개발(R&D) 자금을 지원받아 보다 본격적인 글로벌 시장 진출과 기술 고도화를 추진할 수 있습니다.

결국 두 프로그램을 기업의 성장 전략과 단계별 필요에 따라 연계하여 활용하면 더욱 빠르고 안정적인 스케일업 성과를 얻을 수 있을 것입니다.

(3) K-유니콘 프로젝트: 아기유니콘 육성사업

이번에는 중소벤처기업부가 주관하는 K-유니콘 프로젝트에 대해 살펴보겠습니다. K-유니콘 프로젝트는 잠재력 있는 창업·벤처기업을 발굴하여 기업가치 1조 원 이상의 글로벌 유니콘 기업으로 성장할 수 있도록 집중 지원하는 프로그램입니다. K-유니콘 프로젝트는 크게 두 단계로 구성되어 있는데, 첫 번째 단계는 **아기유니콘 육성사업**, 두 번째 단계는 **예비 유니콘 특별보증**입니다.

아기유니콘 육성사업은 기업가치 1,000억 원 미만의 유망 기업을 발굴하여, 기업가치 1,000억 원 이상인 예비 유니콘으로 성장할 수 있도록 맞춤형 지원을 제공하는 프로그램입니다. 글로벌 유니콘 성장 단계는 다음과 같이 나눌 수 있습니다.

- **아기유니콘**: 기업가치 1,000억 원 미만
- **예비유니콘**: 기업가치 1,000억 원 이상~1조 원 미만
- **글로벌 유니콘**: 기업가치 1조 원 이상

따라서 아기유니콘 육성사업은 유망 기업이 예비 유니콘으로 성장하기 위한 초기 집중 지원 단계로 이해하면 좋겠습니다.

아기유니콘 육성사업 개요
- **지원 대상**: 「벤처기업육성에 관한 특별조치법」에 따른 벤처기업 중 누적 투자금액 20억~100억 원 미만 또는 기업가치 300억 원 이상인 기업
- **지원 규모**: 연간 50개 기업 내외

신청 요건
아기유니콘 육성사업에 지원하기 위해서는 다음의 세 가지

요건 중 최소 2가지 이상을 충족해야 합니다.

구분	세부 내용
① 시장검증 요건	국내외 벤처 투자기관으로부터 누적 투자금액 20억 원 이상~100억 원 미만 유치 기업
② 기업가치 요건	기업가치 300억 원 이상인 기업 (단, 기업가치가 300억 원 이상이면 투자금액 20억 원 미만이어도 가능)
③ 혁신성 요건	기술보증기금 기술사업평가등급 BB등급 이상 또는 혁신성장 역량지수 20점 이상

즉, 아기유니콘 기업으로 선정되려면 벤처기업 인증을 받은 비상장 중소기업(단, 코넥스 상장기업은 신청 가능)이면서, 투자실적·기업가치·혁신성 요건 중 최소 2가지 이상을 만족해야 합니다.

아기유니콘 육성사업 지원 항목

지원 항목	지원 내용	최대 지원 금액
시장개척 자금	신시장 조사, 협력 파트너 발굴 등 시장 개척 지원	최대 3억 원 (총 사업비의 50% 이상 기업 자부담 필수)
특별보증	운전자금 및 시설자금 지원	최대 50억 원

아기유니콘 기업으로 선정된 기업은 시장개척 자금으로 최대 3억 원을 지원받을 수 있으며, 특별보증 형태로 최대 50억 원의 자금을 지원받아 기업 성장을 촉진할 수 있습니다. 다만, 시장개척 자금은 총 사업비의 50% 이상을 기업이 자부담해야 합니다.

선정 기업을 위한 추가 지원 프로그램

아기유니콘 기업으로 선정되면 중소벤처기업부는 해당 기업의 글로벌 진출과 투자 유치 활성화를 위한 다양한 후속 프로그램을 추가적으로 제공합니다. 주요 내용은 다음과 같습니다.

- **기술 특례 상장 평가 및 컨설팅 지원** – 기업 공개(IPO) 추진을 위한 기술특례상장 사전 진단 및 전문 컨설팅 지원
- **글로벌 컨설팅 지원** – 해외 시장 진출 시 필요한 법무, 회계, 글로벌 마케팅 등 전문 컨설팅 제공
- **글로벌 IR 지원** – 해외 투자자를 대상으로 한 IR 행사 개최 및 투자 매칭 지원
- **해외 박람회 참가 지원** – 해외 박람회, 전시회 참가 비용 지원을 통한 글로벌 시장 진출 지원
- **해외 법인 설립 지원**– 해외 법인 설립에 필요한 법률 자문, 현지 인력 파견 및 체재 비용 등 지원
- **기술 로드맵 컨설팅 지원** – 유니콘 기업으로 성장하기 위한 장기적인 기술 개발 전략 수립 지원

이처럼 아기유니콘 육성사업에 선정된 기업은 중소벤처기업부의 다양한 맞춤형 지원을 통해 기업 가치 1,000억 원 이상의 예비 유니콘으로 도약하는 데 필요한 실질적이고 종합적인 지원을 받게 됩니다.

따라서 팁스 프로그램을 졸업한 후 기업 가치가 아직 1,000억 원 미만인 유망 창업기업이라면, 다음 단계의 성장을 위해 아기유니콘 육성사업에 도전해 볼 만합니다. 아기유니콘 프로그램에서 제공되는 1년간의 집중 지원을 성공적으로 수행

하면 이후 예비 유니콘 특별보증 등 후속 지원 사업과의 연계를 통해 지속적인 성장을 도모할 수 있습니다.

이어서, **예비 유니콘 특별보증 프로그램**에 대해 살펴보겠습니다.

(4) K-유니콘 프로젝트: 예비유니콘 특별보증

이번에는 K-유니콘 프로젝트의 일환으로, 아기유니콘 단계를 넘어 예비유니콘(기업가치 1,000억 원 이상)으로 성장할 수 있도록 지원하는 **예비유니콘 특별보증** 프로그램을 살펴보겠습니다. 이 프로그램은 중소벤처기업부와 기술보증기금이 공동으로 운영하며, 높은 성장 잠재력과 혁신성을 갖춘 유망 기업에 스케일업을 위한 금융지원을 제공합니다. 시장에서 검증된 기업들이 빠르게 예비유니콘 단계에 도달할 수 있도록 보증을 통해 자금 확보를 돕고 있습니다.

개요
- **지원 대상:** 비상장 중소기업(코넥스 상장기업 포함) 중 아래 제시된 특정 요건을 충족하는 기업
- **지원 규모:** 연간 15개 기업 내외
- **지원 내용:** 기업당 최대 200억 원 규모 특별보증 제공

신청 요건
예비유니콘 특별보증 프로그램에 신청하기 위해서는 다음의 세 가지 기준(시장 검증, 성장성, 혁신성)을 모두 충족하거나, 기

업가치 1천억 원 이상 또는 지역스타 기업 중 하나의 기준만 충족해도 지원할 수 있습니다.

구분	세부 내용
① 시장 검증 요건	국내외 벤처투자기관으로부터 누적 50억 원 이상 투자 유치 기업
② 성장성 요건	최근 3개년 매출 성장률 연평균 20% 이상 또는 직전년도 대비 매출액 100억 원 이상 증가 기업
③ 혁신성 요건	기술보증기금 기술사업평가등급 BB등급 이상 획득 기업

※ 위 3가지 요건을 모두 충족하거나, 아래의 요건 중 하나만 충족해도 신청이 가능합니다.

- 기업가치 1,000억 원 이상인 비상장 중소기업(코넥스 상장기업 포함, 기술특례상장 평가 기업 가능, 기술평가 등급 BB등급 이상)
- 지역 스타기업 중 국내외 벤처투자기관으로부터 30억 원 이상 누적 투자를 유치한 기업

지원 항목 및 보증 규모

지원 항목	지원 내용	최대 지원 금액
운전자금 보증	기업 운영을 위한 운전자금 보증 지원	최대 30억 원
R&D 자금 보증	연구개발(R&D)에 소요되는 재료비, 시제품 제작비, 인건비 지원	최대 20억 원
시장개척자금 보증	글로벌 시장 진출을 위한 시장 조사, 마케팅 등 자금 지원	최대 10억 원
총 보증 한도	운전자금, R&D 자금, 시장개척 자금 등을 합산하여 최대 200억 원 지원	

예비유니콘 특별보증 프로그램에 선정된 기업은 운전자금 최대 30억 원, R&D 자금 최대 20억 원, 글로벌 시장 개척자금 최대 10억 원 등 총 200억 원 규모 내에서 특별 보증을 지원받습니다. 단, 이후 후속 투자를 유치할 경우 지원받은 보증 금액의 10%를 상환해야 합니다.

정리하면, 예비유니콘 특별보증 프로그램은 시장에서 검증받은 혁신적인 기업들이 본격적인 유니콘(기업가치 1조 원 이상) 기업으로 성장하도록 지원하는 강력한 금융지원 프로그램입니다. 특히 기업당 최대 200억 원까지 보증을 제공하여, 기업이 스케일업에 필요한 자금을 안정적으로 확보하고 지속적인 성장을 도모할 수 있도록 돕습니다.

다음 장에서는 스케일업을 위한 산업기술 R&D 지원 프로그램에 대해 자세히 알아보겠습니다.

(5) 산업기술 R&D 지원 활용

마지막으로, 팁스 프로그램을 성공적으로 졸업한 기업이라면, 기술 개발과 사업화의 다음 단계로 정부의 산업기술 R&D 지원 자금을 활용해 지속적인 성장을 추진할 수 있습니다.

대표적으로 산업통상자원부가 주관하는 '스케일업 기술사업화 프로그램'은 신제품 개발을 통해 신산업 분야로 진출하고자 하는 제조 중소기업이나 비즈니스 액셀러레이티 기업 컨소시엄을 대상으로 약 10억 원 내외의 연구개발 자금을 지원하고 있습니다.

또한 '중견기업 전용 R&D 지원 사업'은 중견기업과 중소기업, 대학, 공공연구기관 등이 협력하여 첨단 산업 분야에서 공동 연구개발을 추진할 때, 연구개발 비용을 지원해 산업 간 협력 생태계 구축을 돕고 있습니다.

한국산업기술진흥원이 주관하는 '유레카 네트워크 프로젝트'는 해외 우수 R&D 기관과 국제 공동 연구개발을 추진하려는 국내 산학연 컨소시엄에 연구개발 비용을 지원하는 글로벌 협력 프로그램입니다.

이외에도 중소벤처기업부에서 주관하는 '산학연 협력 기술개발 사업'은 중소기업과 대학, 연구기관이 공동으로 기술 개발을 추진할 경우 최대 3억 원의 연구개발 자금을 지원하며, 기술혁신을 통한 신제품 및 신서비스 개발을 원하는 중소기업을 위한 '중소기업 기술혁신 개발사업'은 최대 5억 원의 기술개발 자금을 지원하고 있습니다.

이처럼 산업 기술 R&D 관련 연구개발비, 공동연구 등 다양한 정부 및 민간 주도의 프로그램들이 활발히 운영되고 있으므로, 창업자는 지속적인 관심을 갖고 각 기업의 특성과 필요에 맞는 지원 사업을 찾는 것이 매우 중요합니다.

팁스 프로그램을 졸업한 기업이 단순히 연구개발 단계를 넘어 글로벌 시장에서 본격적인 스케일업을 이루고 지속가능한 성장을 달성하기 위해서는 체계적이고 전략적인 접근이 필요합니다.

지금까지 팁스 졸업 이후의 성장 로드맵을 정리해 보면 다음과 같습니다.

- 후속 투자 유치
- 글로벌 진출 지원 프로그램 활용
    - 글로벌 창업사업화 및 해외 마케팅 지원
    - 글로벌 팁스 프로그램
    - KOTRA 해외지사화 사업
    - 글로벌 ICT 미래 유니콘 육성 사업
- 스케일업 지원 프로그램
    - 포스트 팁스
    - 스케일업 팁스
    - K-유니콘 프로젝트(아기유니콘 육성사업, 예비 유니콘 특별 보증)
- 산업 기술 R&D 지원 사업

팁스 프로그램을 졸업한 기업들은 연구개발(R&D) 과정을 완료한 데 그치지 않고 글로벌 유니콘 기업으로 도약할 수 있는 초석을 마련한 것입니다. 따라서 각 기업은 사업모델과 성장 목표에 가장 적합한 지원 프로그램을 전략적으로 선택하여 활용하는 것이 중요합니다.

아울러 정부의 체계적인 지원과 민간 투자를 효과적으로 결합하여 팁스를 졸업한 유망 기업들이 대한민국을 대표하는 글로벌 유니콘 기업으로 성장하기를 기대합니다.

에필로그: 유니콘을 향한 첫걸음

대한민국의 스타트업 생태계는 끊임없이 진화하고 있습니다. 과거에는 자본과 인프라를 갖춘 대기업들이 혁신을 주도했다면, 이제는 창의적인 아이디어와 기술력을 가진 스타트업들이 시장을 뒤흔들고 있습니다. 그리고 이러한 혁신의 중심에는 팁스(TIPS) 프로그램이 있습니다.

팁스는 단순한 연구개발(R&D) 지원 프로그램이 아닙니다. 유망한 기술 스타트업이 글로벌 시장에서 경쟁력을 갖추고, 결국 유니콘 기업으로 도약할 수 있도록 돕는 체계적인 성장 시스템입니다. 팁스를 성공적으로 수행한 기업들은 정부 지원과 민간 투자의 시너지를 활용하여, 초기 기술 개발을 넘어 글로벌 시장에서도 인정받는 기업으로 성장할 기회를 얻게 됩니다.

많은 창업가들이 팁스를 "최대 5억 원의 R&D 지원을 받을 수 있는 프로그램" 정도로 이해하지만, 이는 팁스의 진정한 가치를 제대로 이해하지 못한 것이라 봅니다. 팁스는 단순히 연구개발 자금을 지원하는 것이 아니라, 성장 가능성이 높은 기술 기반 스타트업이 글로벌 시장에서 성공할 수 있도록 민간 투자와 함께 육성하는 프로그램으로 보는 것이 맞습니다.

팁스의 핵심은 '민간 투자 연계'입니다. 팁스는 민간 투자사가 먼저 기업의 성장 가능성을 검증하고 투자를 결정하면, 이에 정부가 연구개발(R&D) 자금을 매칭하여 추가로 지원하는 구조로 설계되어 있습니다. 즉, 민간 투자사의 안목과 정부의 자금 지원이 결합하여 스타트업이 성공적으로 글로벌 시장에 진입하고 성장할 수 있도록 체계적으로 돕는 것입니다.

팁스를 통해 기술개발에 성공한 기업들은 후속 투자 유치와 글로벌 시장 진출을 위한 다양한 프로그램들을 활용할 수 있습니다. 그러므로 창업기업은 단순히 팁스를 수행하는 데 만족해서는 안 됩니다. 오히려 팁스 이후의 성장 전략을 명확하게 수립하고, 그 전략에 따라 후속 지원 프로그램을 적극적으로 활용하여 지속 가능한 성장을 이뤄내야 합니다.

무엇보다 팁스는 창업가들에게 강력한 네트워크를 제공합니다. 팁스 운영사, 벤처캐피탈(VC), 액셀러레이터, 정부 기관, 해외 투자자 등 다양한 이해관계자들이 팁스를 통해 연결됩니다. 이 네트워크를 얼마나 적극적으로 활용하느냐에 따라, 팁스를 졸업한 기업들의 성장 속도는 달라질 수 있습니다.

팁스(TIPS)에 도전하는 창업가들에게 꼭 전하고 싶은 메시지가 있습니다. 바로, "팁스를 단순한 정부 지원 프로그램으로 생각하지 말라"는 것입니다. 팁스는 혁신적인 기술과 독창적인 비즈니스 모델을 가진 스타트업이 민간 투자자와 정부의 지원을 동시에 받으며 빠르게 성장할 수 있도록 설계된 기회입니다. 단지 정부의 연구개발(R&D) 지원금을 받기 위한 프로그램으로 여긴다면 팁스의 진정한 가치를 놓치게 될 것입니다. 따라서 팁스는 끝이 아닌 새로운 성장의 출발점이며, 팁스 선정 이후의 전략이 기업의 성공 여부를 결정짓게 됩니다.

팁스를 준비하고 수행하는 과정에서 운영사, 벤처캐피탈(VC), 글로벌 투자자 등과 적극적으로 관계를 구축하고 지속적으로 소통하십시오. 팁스를 통해 구축된 네트워크는 향후 창업기업이 본격적으로 스케일업할 때 결정적인 역할을 하게 될 것입니다.

또한 팁스 이후의 로드맵을 미리 설계하는 것이 중요합니다. 창업자는 팁스를 수행하는 단계부터 그 이후에 활용할 수 있는 다양한 후속 프로그램을 고려하며 전략을 준비해야 합니다. 팁스 이후 활용 가능한 프로그램으로는 글로벌 팁스, 포스트 팁스, 스케일업 팁스, K-유니콘 프로젝트 등이 있으며, 기업은 각자의 성장 단계와 목표에 맞추어 이 프로그램들을 효과적으로 활용할 필요가 있습니다.

대한민국의 스타트업 생태계는 점점 더 글로벌 경쟁력을 갖추고 있으며, 그 중심에는 팁스 프로그램을 기반으로 성장하여 유니콘 기업으로 도약한 많은 스타트업들이 있습니다. 따라서 창업기업들은 팁스를 적극적으로 활용하여 기술력을 확보하고, 후속 프로그램을 전략적으로 연계함으로써 글로벌 시장 진출과 기업 성장의 발판으로 삼아 유니콘 기업으로 도약할 수 있기를 기대합니다.

이제 중요한 것은 '누가 팁스를 받느냐'가 아니라 '누가 팁스를 가장 전략적으로 활용하느냐'입니다. 팁스를 통한 성장 기회를 적극적으로 활용하여 여러분의 스타트업이 글로벌 무대에서 성공적인 유니콘 기업으로 도약하기를 진심으로 바랍니다.

스타트업북스는
'일하는 우리'를 위한
콘텐츠 브랜드입니다.

유니콘이든 1인 기업이든,
성장을 고민하는 실무자에게
진짜로 필요한 책을 만듭니다.

팁스 233
유니콘을 향한 스타트업 성장 전략서

초판 1쇄 발행 2025년 4월 30일

글　전화성, 이은영

펴낸이　김도형
펴낸곳　㈜도서담 등록 제2021-000053호(2021년 2월 10일)
주소　서울특별시 강남구 테헤란로87길 36, 24층 2408호
전화　070-8098-8535
이메일　startupbooks@doseodam.com

당신의 경험이 다음 베스트셀러가 될 수도 있어요.
startupbooks@doseodam.com으로 알려주세요.